平武报恩寺

四川省文物考古研究院
四川省平武报恩寺博物馆　　编著
四川省平武县文物保护管理所

科学出版社
北京

图书在版编目（CIP）数据

平武报恩寺／四川省文物考古研究所，四川省平武报恩寺博物馆，四川省平武县文物保护管理所编著 . —北京：科学出版社，2008

ISBN 978-7-03-022185-8

Ⅰ. 平… Ⅱ. ①四…②四…③四… Ⅲ. 佛教－寺庙－简介－平武县

Ⅳ. B947. 271. 4

中国版本图书馆 CIP 数据核字（2008）第 078192 号

责任编辑：宋小军／责任校对：陈玉凤

责任印制：赵德静／封面设计：王　浩

科　学　出　版　社 出版

北京东黄城根北街16号

邮政编码：100717

http://www.sciencep.com

中国科学院印刷厂 印刷

科学出版社发行　各地新华书店经销

*

2008 年 6 月第　一　版　　开本：889×1194　1/16

2008 年 6 月第一次印刷　　印张：21

印数：1—2 000　　字数：563 000

定价：368.00 元

（如有印装质量问题，我社负责调换〈科印〉）

序

四川是一个文物大省。我说的这个"大省",不仅是地下文物丰富,是个"大省",而且地面文物也很丰富,也是个"大省"。

四川省的地面建筑不仅数量多,而且类型齐全:包括寺、观等宗教建筑,文庙、武庙等祭祀性建筑,还有汉阙、牌坊(楼)、塔、桥、民居、会馆等,这些数量众多的建筑中,不仅有官式建筑,更多的是特点鲜明的本土建筑。

说四川建筑的本土特点鲜明,这是建筑的地域性特点所决定的,比如,四川气候多雨,建筑的屋面就要陡险些,以利于排水;建筑的山面出挑要深远些,就是为了减少雨水对檩头的侵蚀。而穿斗式梁架结构就可以灵活地运用建筑的进深空间,等等。

平武报恩寺是最早公布的全国重点文物保护单位之一。这座位于四川西北少数民族文化与汉文化接壤地带的寺院建筑群,是一处典型的明代官式建筑群。报恩寺于明正统十一年(1446 年)由土官佥事王玺历时七载完成主体建筑,此后又经其子王鉴等先后完成寺内的塑像、木雕,至正德十六年(1521 年)范辂出资凿井(后人称为"范公井")、建亭,报恩寺的建筑实际上前后历时 80 年始成现在之规模,建成后由于受到官府的保护,直到民国年间没有遭受大的损坏。

报恩寺也是一处重要的旅游资源。其建筑的梁架结构、彩画、彩塑、雕刻等装饰是研究宋元以来官式建筑的重要资料,其建筑艺术已引起国内外专家的注意。加之报恩寺地处九(寨沟)黄(龙)旅游环线上,是到王朗自然保护区、九寨沟、黄龙旅游观光的必经之路,已经成为越来越多的游客的观光之地。

国家文物局、四川省文物管理局和地方十分重视平武报恩寺的保护工作。从 1955~2002 年,先后多次拨付专项经费进行维修、保护,更换损坏严重的木构件,并对对建筑破坏较大的木蜂、白蚁进行全面整治,同时在寺内安装了消防设备。

为了使平武报恩寺让更多的人了解,提升该寺和四川古建筑的研究工作,四川省文物考古研究院、四川省平武报恩寺博物馆和四川省平武县文物保护管理所编著了这部书,除以图文并茂的形式将报恩寺历史沿革、建筑规模、建筑特点、建筑彩画、壁画、彩塑和雕刻等介绍给读者外,还有相关的研究工作,相信读者通过《平武报恩寺》能够全面了解、认识报恩寺。也相信今天的报恩寺将以全新的面貌迎接前来观光、考察的中外游客和专家。

在《平武报恩寺》付梓之际,写下了以上的几句话,算是本书的序言吧。

四川省文物管理局局长 徐荣旋

2007 年 11 月 20 日

目　录

实测图目录

彩 版 目 录

壹　地理与历史沿革

名闻遐迩的报恩寺坐落于四川盆地西北部，地处龙门山系涪江河谷中的龙安府故城（今绵阳市平武县龙安镇），海拔约 1500 米，中心地理坐标 N32°24′41.23″，E104°31′50.40″。寺院坐西向东，三面濒临涪江。山门掩映在古树浓荫之中，正殿在中轴线上一一纵列，两侧回廊、配殿对称环立，檐牙交错，殿院参差错落。寺庙建筑群落在天然背景群山环抱的衬托下更显得气势雄伟、深远莫测。

报恩寺为明正统四年（1439 年）开始由龙州宣抚司土官佥事王玺、王鉴父子奉旨主持修建的。它和青海瞿昙寺、北京智化寺同为国内仅有保存完整的明代宫殿式寺庙建筑群之一，同时报恩寺还是国内少有的建筑于少数民族地区的汉式建筑风格的佛教寺院，在典型的汉式宫殿建筑的外表内，又融合了多民族的文化内涵。

平武历史上曾称龙州、龙安府。历来是羌、藏、回、汉等民族杂居的边陲重地，是蜀北重镇。自三国以来，历代封建王朝都派遣重兵镇守，宋代以来，薛、李、王三氏赐封为龙州世袭土官。宋、明王朝的分封土官政策在巩固边陲、安抚各族民众上有显著成效。

据《道光龙安府志》记载：王玺是宋代的龙州地方长官王坤厚之玄孙。明王朝建立后，太祖洪武四年（1371 年）大军伐蜀，龙州地方长官薛文胜率众归降，王玺和他的祖父王祥一同归顺并为伐蜀大军供给，立有功勋。明成祖永乐七年（1409 年）改设龙州衙门，王祥被授予判官之职，世代相传，至宣德三年（1428 年）王玺承袭父职，宣德九年（1434 年）升龙州衙门为龙州宣抚司，王玺提升为龙州宣抚司土官佥事，并赐封为昭信校尉。

据碑文记载：王玺出身世家，"貌异而才优，行高而智广，崇儒奉释，夙植善根，且乐善不倦，好谋而成"，在他及宣抚使薛忠义、副使李爵在任期间，龙州地区边陲安宁、经济繁荣、生活稳定，他们也为此多次受到明王朝的嘉奖。据《敕修大报恩寺继葺碑》记载，王玺"知佛法慈悲，普化颛蒙而詟贱暴，其五戒十善，可以辅行王化，可以祝延圣寿，但未有壮丽梵刹兴像教，而启昏昧，使一

州之人所无信向，靡沾佛道之利益。因旧有大藏全文一部，无所收贮，乃以己之园地一区，深广如度"。由此得知，修建报恩寺是王玺提出来的，并捐献自家园地作为基地。由碑文可知：王玺修建报恩寺一是感谢太祖赐封其家族世袭龙州土官，并提升自己为龙州宣抚司土官金事之职，且诰封为昭信校尉；二是通过弘扬佛法来教化当地民众，从而达到"保国护民"的目的。他认为当地的观音院"规制湫隘，无以容众"，因此需要修建新的寺庙；三是他要利用这座寺庙给皇帝"祝延圣寿"，另外，王玺还需要用所建寺庙来存放当年明太祖皇帝所敕赐的一部大藏经，以弘扬佛法。

为顺理成章，王玺遂向当地土僧正知建议："吾受命于朝，世守斯土，与国同休，恩至渥也。未遑莫报涓埃，唯欲建修一刹，令尔等朝夕祝延圣寿，以表丹诚，古遗藏经而有所安放，一举两得，不亦可乎？"正知"以手加额，赞叹未有"。

正统三年（1438年），王玺带领龙州宣抚司番牌头人赴京朝贡时向皇上奏请准备在龙州治地修建一座为皇上"祝延圣寿"的寺庙；"以例朝贡京师，乃具本以闻"；"皇上可其奏，赐敕而归"。

正统四年（1439年），王玺再次携奏章进京，正式向皇帝奏请其事，"时廷臣以例执之，皇帝嘉其土官，能以保障暇方，祝延圣寿为请，故不为例而允之"。

正统五年（1440年），王玺大捐己资，与土僧正知、普恩、海祥等僧侣一道，正式大兴土木，开始营造报恩寺。

正统十一年（1446年），历时七载，报恩寺主体建筑基本完成。"殿宇深峻，阶墀轩敞。殿之前，则有天王殿、三桥、山门、二狮、二幢、钟楼，而极其华美。殿之后，则有七佛楼、二亭、戒台、龙神祖师之堂，而极其壮丽。殿之南北，峙以大悲殿、轮藏殿，而翼以廊庑。楼之后，则环以方丈、僧僚、斋厨、库舍，悉完整清洁。"随后，王玺又再赴京师，延请翰林院检讨李本撰写了《敕修大报恩寺碑铭》，将其带回刻石。

报恩寺主体工程完成后，王玺耗尽财力，寺内建筑也未有任何装塑点染，加之年迈体弱，工程遂告一段落。景泰三年（1452年），王玺去世，其子王鉴，字景昭，继承父职，并以先父未竟之志，再次前往京师，奏于帝廷，获得皇帝"准从"。归来后与宣抚司薛忠义、副使李爵等人协商共同出资，一并装塑佛像，彩绘楼阁，雕造藏经函具，铸造钟磬法器等。宣抚使薛忠义、薛公傅，副宣抚使李爵共同装塑了正殿内三尊大佛像；百夫长薛忠信及其子薛志冕捐资装塑了大悲殿

内的圣父圣母（即千手观音的父母），舍人薛忠恩资款装塑了千手大悲观音及殿内的观音得道壁塑。平武地方的其他官员士绅商贾也纷纷捐资出力，继续装塑修葺，于天顺四年（1460 年）报恩寺才全部得以建成，前后历经二十载。

报恩寺历经数次地震和清王朝数载的兵燹及"文化大革命"的浩劫而得以幸存，其价值弥足珍贵。

1956 年 8 月 16 日，四川省人民委员会公布报恩寺为四川省第一批省级文物保护单位。

1996 年 11 月 20 日被国务院公布为第四批全国重点文物保护单位。

贰 建 筑

一、建 筑 布 局

报恩寺建筑群依山就势，东低西高，由三进院落组成。营造采用了传统佛教建筑"伽蓝七堂"的形式。中轴线上有四座大殿，依次为山门、天王殿、大雄宝殿、万佛阁；两边对称有经幢、狻猊、南北御碑亭、回廊、大悲殿、华严藏、钟楼。山门前有经幢、狻猊。东西长270米，南北宽100米。建筑面积3518平方米，现占地面积2.5公顷。

报恩寺建筑的设计师及能工巧匠们在进行规划、设计施工的时候，"卜其美地，水环以流，山拱而秀"。十分注意建筑周围的环境，对山川形势、地理特点、气候条件、林木植被等因素进行深刻的调查和成熟的研究，使各殿布局、形式、色调、体量与环境相和谐。

在选址和布局上，它既遵循了中国传统寺庙建筑的一般规律，又受到了一些当地风俗及地理环境的影响，这在当时汉藏边界的报恩寺建筑形式上体现着它特有的风格和内涵。

报恩寺坐西朝东，与我国寺庙坐北朝南的传统做法大相径庭，这是因为平武地处边陲，境内氐、羌等少数民族以东为尊，有崇日而东拜的习俗；另一方面则是因为当初修建寺院的目的是为皇上"祝延圣寿"，明皇城在平武之东，王玺所设立的"龙位"也正朝东方。辨方正位，选寺坐落，即为正东西，定南北。报恩寺左靠箭楼山，山势浑圆端正，犹如一座巨大的屏风，可挡风寒而纳阳光，是寺院的龙山、来龙。寺右依镇南山，山势逶迤，势伏卧虎。山上有明砖塔一座，后山是老团山。箭楼山、老团山、镇南山首尾环绕，构成寺院的天然屏障，"青山楼北郭，绿水绕东城"，俨如蟠龙，故曰"蟠龙坝"，山环水绕，风光绮丽，寺院落座"龙脉"之吉地。寺前平缓，明堂开阔，隔涪江遥对之箭豁垭，是寺院的朝案之山，或照山。所有这些同报恩寺周围的山貌环境、特殊位置相适应。

寺前环绕涪江，淙淙的江水从西至东绕寺而过。寺院前宽后窄，前底后高，

从而呈现出庄严方正、井然有序、庄严肃穆的宏伟氛围。诸多因素形成了报恩寺山环水绕、景物天成的独特选址和东西坐落的背景。寺院选址及建筑群落布局体现出"因天材、就地形"匠心独用的智慧。

1. 广场及石经幢

广场占地 9761.43 平方米，今全部铺花岗石石板。

广场中有一对石经幢，幢高约 7 米，经幢四周安装花岗石栏板，围以 12 根栏杆。共占地面积 23.28 平方米。幢由片石底座、须弥座幢底、六棱形幢身和幢顶四部分组成。须弥座为六方形，花岗石制作，座上雕刻卷云图案。幢身高 2.4 米，正面刻"唵大佛顶尊胜陀罗尼幢"，另五面刻藏、汉两种文字的"陀罗尼经咒"，笔画圆润，字迹秀美。经幢的顶部作托盘，饰桃形宝珠，托盘周围镂空雕饰丝帛、云纹等。每面上都凿一龛，中间都雕刻有坐佛各一尊。

2. 山门

山门依地势而建，逐步走高，错落有致。山门高出广场平面 6.1 米。广场至山门自下而上，共分五级。设踏步三道，均围设花岗石栏杆，显得整齐、庄严。

山门是报恩寺的正门，带八字墙。面阔五间计 24.25 米，进深两间计 9.5 米，殿高 8.66 米。为四架椽屋，后用乳栿，分心用三柱，彻上露明造，单檐悬山式建筑。屋面举架平缓，绿色琉璃筒瓦盖面，檐下无斗拱，有侧脚和生起。

山门以中柱为界，分隔成前后两部分，左右两侧用片石垒砌山墙封闭。屋内明间和次间各辟板门一槽。门上悬横匾一方，长 5.4 米，宽 2.2 米，上书"敕修报恩寺"五个金色大字，匾额边缘镂空透雕云龙图案，立体感极强。匾额两侧各彩绘有一个力士做脚蹬隔板，用力拉升该匾额状，生动形象。

山门的柱、额、梁、枋上满绘彩画，主要用青、绿、蓝等矿物颜料，花纹和纹路俱作两道晕色，中间为空枋心。枋心作牡丹、菊花等，藻头绘如意头式图案，梁枋的两端，根据画面的长短，有的卡两道箍头，有的作一道。图案风格古朴，线条流畅。

山门外稍间内彩塑两尊金刚神像，左边为"密迹金刚"；右边为"那罗延金刚"。山门内稍间中彩塑"三头六臂"、"四头八臂"明王神像各一尊。八字墙，墙高 5 米，长 12.8 米；墙基用青石砌成须弥座式，墙身用砖砌作；墙面装饰青狮、白象、云龙等灵兽。墙顶为单檐歇山式，覆盖绿色琉璃瓦，脊上安装精致生动的吻兽和火焰宝珠，檐下安饰五彩琉璃斗拱，装饰华丽壮观。

山门阶梯两侧立一对圆雕石狻猊，高 2.9 米，左右对峙蹲坐于花岗石须弥座

上。左边为雄狻猊，项下铃铛上阴刻"狻猊"二字，右前爪抚弄一只绣球，绣球上系着翻飞的彩带。右边雌狻猊，左前爪轻轻抚摸一只幼狻猊，颈前挂只圆铃铛。体形亦较瘦小而显得苗条秀丽。雕刻手法粗犷，形象威武生动。将山门衬托得更加森严雄伟。

3. 石拱桥

山门与天王殿之间有石拱桥相接。

桥为三座并列的单孔石拱桥。拱桥跨度 8 米，中桥宽 2.7 米，两侧桥各宽 2.6 米。桥面成拱弧形，中间桥面铺砌团花图案的白色琉璃砖，两侧桥面嵌以小青砖。桥身两边均分别安装石栏杆。栏杆高出桥面 0.9 米，望柱作火焰、云纹形；栏板浮雕人物山水、楼阁花卉等图案。桥头抱鼓石雕工精致。每座桥下均为一拱形洞，大小宽度一致，互相贯通；桥四周嵌装雕花岸边石，围成一池。

4. 钟楼

桥的北侧有钟楼一座，为十六柱重檐歇山式建筑。面阔、进深各三间，平面呈正方形。楼高 13 米，总面积 152 平方米。绿色琉璃瓦屋顶，楼分上下两层。上层设平座，用 0.1 米的厚楠木板铺成，四周复设木制栏杆。腰座四周用 20 根方柱子支撑层檐。台基上的四根金柱子采用通心柱。檐下斗拱为五踩双翘计心造。当心间用四朵，屋顶举架高峻。两侧山花采用木板制作，不作任何雕饰，简朴素雅。重檐下不设斗拱。正面重檐下悬挂"天音醒世"横匾一方，字体苍劲夺目。

钟楼四檐柱的侧脚和生起较明显。柱、额、梁、枋满绘彩画。

钟楼梁上悬挂铸铁大钟两口，大者 10000 斤，为明正统十一年（1446 年）铸造；小者 5000 斤，铸造于明成化八年（1472 年）。钟体铸有龙纹等图案，龙钮形钟挂造型别致。钟面上均铸有捐款者和工匠姓名及铸造年号等铭文。铭文记载了王玺等人修造庙宇的有关情况。

5. 范公井

石拱桥与钟楼之间，有一座造型别致的小方亭。亭内有一口水井，名曰"范公井"。范公名辂，是明武宗时的御史，因直谏谪贬为龙州宣抚司经历。发配平武期间，他见报恩寺僧众饮水十分困难，便大发慈悲，慷慨解囊，挖凿了这口水井。该井深约 17 米。扶栏观看，井内天光云影，叹为观止。此井建成晚于报恩寺修建 70 余年。

6. 天王殿

天王殿建在0.9米高的台基上。单檐歇山式建筑，殿高13米，面宽五间计24.94米，进深两间计10.08米，总面积251.4平方米。屋顶覆盖黑色琉璃瓦面，绿色琉璃瓦剪边。屋面吻兽制作精美，脊上的走兽和仙人形象配置得当。屋顶山花用黄色琉璃砖拼装成莲花图案。

殿南北两侧垒砌山墙，殿后明间开门，正面设门窗，两稍间前后檐下设槛墙，安设直棂窗。檐下斗为七踩重拱计心造，并出45°斜拱。平身科用四朵、次稍间用两朵。内檐和隔架科斗拱作法与外檐皆同。并有侧脚和生起。

大殿内部梁架彩画清晰。顶部120块天花板，绘制团花图案，线条流畅，色彩鲜艳。殿内两稍间置佛台，上塑四天王像。手持琵琶者为东方持国天王、手持宝剑者是南方增长天王、手托宝塔为西方广目天王、手持宝伞者是北方多闻天王。像高4米，体态匀称，造型威武。

"天王殿"匾额两侧泥塑力士，站在云端用铁链拉牵着匾额，有强烈负重之感。

7. 大悲殿

大悲殿在中轴线的北侧，与华严藏对称。通面阔三间计20.5米，通进深三间计18米，殿高16.35米，总面积369平方米。五檩木架，十六柱重檐歇山顶建筑。殿顶黑色琉璃瓦盖面，绿色琉璃瓦剪边。

大殿由16根直柱支撑着梁架，四金柱直径0.6米，檐柱0.55米，柱下为古镜式柱础。

大殿正面明间较宽，安装六抹隔扇门，两次间槛墙上安"步步锦"式隔扇窗各六扇。每扇隔扇窗总高1.95米，宽0.75米。大殿额枋与其他殿宇不同，明间不用小额枋，直接施大额枋和平板枋各一道。两次间则用小额枋，上覆额垫板，再上又用大额枋及平板枋，平板枋上安装斗拱以承托屋檐及屋顶。左右两侧垒砌墙，后檐槛墙上安装直棂窗。重檐下悬挂"大悲殿"横匾一道，系明天顺元年赐进士户部主事苏致忠所书。

殿内顶安装62块天花板，贴金彩绘龙凤花草图案，正中半八藻井彩绘二龙戏球，形象十分生动。

殿内塑一尊高约9米的千手观音立像，正身以一根巨大的楠木精雕而成。观音全身贴金，头戴宝冠，身披青纱，璎珞垂地，赤双足，立于覆莲花宝座上，体态柔媚，高大匀称，石质须弥座。观音左右两侧的佛坛上，有两尊高约3米的木

雕立像。左侧男像为观音之父妙庄王，右侧女像是观音之母宝应皇后，他们身着官服，面容慈祥。殿内四根立柱子上，悬塑善财、龙女童子。

大殿内壁上，还有一组面积达 90 平方米的壁塑，生动地描述了妙善公主出家为尼、火烧白雀寺、魂游地府、释迦点化、香山修行、施手眼救父、玉帝敕封千手观音等的故事。

檐下斗拱每层装饰各异，上檐斗拱为七踩双下昂计心造，并在正心瓜拱的左右面上伸出一个 45°的斜昂；下檐斗拱则为三翘七踩计心造，出 45°斜拱。

东西两侧山花分别以彩色琉璃砖拼成群狮戏绣球图案。

8. 华严藏

华严藏与大悲殿南北相对，其面积和建筑结构与大悲殿相同。华严藏，即存放《华严经》的地方。《华严经》是释迦牟尼的第一部讲道记录，是佛经中的精华。殿内正中置转轮经藏一座，系一小木结构的塔形结构，用于藏经和供佛，可以左右旋转，故称转轮藏。

转轮藏通高 11 米，系用楠木制作，横截面为八角形，外观八棱四层，实际七层，下大上小，逐层向内递收，形似七级佛塔。经藏分四层：第一层为经藏座，下设圆形踏板；中层藏身施腰檐平座；第三层为天宫楼阁；最上为八角攒尖顶。其构造为：经藏中心用一根立轴，上端套入殿梁，下端立于圆形地坑中央的铸铁砧上。立轴的八面各穿横竖木枋，将横竖木枋卯榫连接，构成一个八角形框架。框架外表安装木板，设置柱子、平座、屋檐、副阶、栏杆，嵌造天宫楼阁，雕绘龙凤花草，安置佛像经典。转轮藏共有八层，雕绘诸天佛圣、龙凤花草。转轮藏周围的四根大柱上，各有一条长约 7 米的泥塑蟠龙。

9. 大雄宝殿

大雄宝殿是该寺的中心建筑。大雄宝殿面宽五间计 28.36 米，进深四间加后披檐计 20.14 米，总面积 571.17 平方米。殿高 19.56 米，为重檐歇山顶建筑，屋面覆盖绿色琉璃瓦。正脊、垂脊和戗脊都用绿琉璃装饰，其吻兽形制与官式建筑相似。山花制作精美，以琉璃拼装成云水莲花图样。翼角层层挑出，有展翅欲飞之势。大殿八个翼角每个角均悬有铜铃。

明间和次间面阔相近，稍间面阔仅及明间三分之一强。殿后设披檐，披檐面阔三间，进深 4.1 米。整个殿宇平面呈凸字形。

大殿上下二檐斗拱作法各异。下檐斗拱为七踩重拱计心造。斗口 0.2 米，柱头科斗口比平身科斗略宽。外拽作三假昂，昂为琴面昂，其上出耍头，再上为挑

尖梁头；内拽与外拽昂相对，依次为翘头、麻叶头、六分头。

平身科和角科作法与柱头科同，平身科只是在要头上又再加头一层；角科在三昂上端施由昂一根。平身科斗拱布置较密，前后檐的明、次间皆施斗拱四攒，稍间不施，两山檐第二、三间各施斗拱四攒，一、四间不施。

上檐斗拱为九踩重拱计心造。柱头科和平身科作法相同，外拽为四假昂并出45°斜昂，昂嘴砍成象鼻状。上檐因斗拱由昂的缘故，斗拱显得异常密集。其前后檐施平身科斗拱三攒，左右山檐施平身科斗拱二攒。

大殿梁架有井口天花遮掩，天花板上绘有绚丽的沥金盘龙，小露明额枋满绘建筑彩画，柱额、枋之间设有隔架斗拱。梁架结构为分心柱，前后五小梁，下檐施挑头梁，五步梁上主柱，瓜柱与瓜柱间用穿枋相连，脊瓜柱立于前后五步梁交接处，其上承檩，其余瓜柱承金檩，挑檐檩直接放在五步梁头挑檐枋上。

屋面壮观高峻，举架为1:2.3。

大殿装修繁芜，殿正面的明、次间辟隔扇门各六扇，两稍间施以槛墙，其上安格子棂窗，隔扇的隔心雕菱花。裙板部分镂空雕刻云水纹。两山檐柱间以砖砌山墙，披檐正中辟直棂门一道，两边辟直棂窗，其余皆以木板拼合。

殿内墁以金砖，当心间的前槽地面，镶嵌着面积15平方米的琉璃花砖，由两部分组成。砖面为浮雕浅刻，画面以云纹灵兽为主，砖面构图细腻、精巧。

殿内后槽筑有面宽三间石造须弥座佛坛，上塑"三身佛"，正中为法身佛毗卢遮那佛。左为报身佛卢舍那佛，右为应身佛释迦牟尼。三尊佛像连台通高约7米，全身贴金。

佛像的背后各塑莲花式背屏，直径8米许，全部贴金。

大殿正中的佛像前，供有"当今皇帝万万岁"的九龙牌位一道，高约2米。牌位是用金丝楠木雕琢而成，边缘透雕九条云龙，是王玺及龙州官民向皇帝"祝延圣寿，报答皇恩"的标志。

大殿的背面，有一堂面积达125.3平方米的壁塑。壁面上采用泥塑、影塑、壁画三者结合的方法塑造了"三大士"道场。共分三铺：中铺为南海观世音菩萨，右铺为普贤菩萨，左铺为文殊菩萨。

殿前有宽阔的月台和拜台，台面墁铺方石板，四周围绕青石雕花栏杆。月台前端及左右侧设有七级垂带踏跺。

大殿台基的左右两侧，设有斜坡甬道，道上建斜廊一座。

10. 斜廊

大雄宝殿及台基左右两侧设斜坡甬道，各建独立式斜廊一座，俗称"四不挨"。斜廊以四根方柱支撑大式卷棚顶，四周不搭靠任何建筑，为宋代建筑型制之遗风。是南北回廊通往大雄殿的一组通道建筑。

11. 御碑亭

在大雄宝殿后第三进院落的南北两侧，有两座造型奇特的碑亭。为十六柱重檐，"上八角下四角"攒尖顶式建筑，飞檐展翅，玲珑精巧。亭顶覆盖绿色琉璃瓦，檐下斗拱出斜昂，奇巧华丽，有明显的卷杀和侧脚。每个檐角下悬挂铎铃。

亭建立在0.9米高的台基上。平面呈正方形，边长9米，亭高15.02米。建筑面积81平方米。

碑亭台基上置础立柱，柱顶施额枋，平板枋略宽于额枋，枋额间又施雕花雀替。上下二檐斗拱装饰各异：下檐为单翘重昂七踩并计心造，上檐为七踩重拱三下昂并偷心造，昂作45°斜昂。斗拱安排疏密得当，除角科、柱头科外，平身科施三攒，上檐每面施五攒，下檐则施七攒斗拱。

亭内斗拱、额枋、花板、雀替全部彩绘，内部斗拱层层递收。内设井口天花，满绘沥金云龙图案。天花之上为简洁的梁架，作为十字框架。举架陡峻，起翘显著，侧脚、生起明显，造型独特而别致。

亭中各立有一通重约五吨的石碑，赑屃上镶嵌着高大的长方形石碑，圆首。北亭石碑正面刻："既是土官不为例，准他这遭"的御笔圣旨。背面刻有敕修报恩寺的建制沿革；南亭石碑正面刻着皇上恩准修造报恩寺下属十四处小寺院的名称，背面刻有《敕修大报恩寺记》，碑文记叙了王玺建造报恩寺的缘由、目的和规模概况，并赞颂了王玺建造报恩寺的"功德伟业"。这两通碑文，通体端庄雄浑，古雅富丽。

12. 南北回廊

回廊又叫罗汉殿，位于第三进院的南北两侧。东起华严藏、大悲殿、西至万佛阁，轴线两侧以三十四间回廊围绕起来，构成廊屋周匝的总体布局。北回廊大悲殿在一个水平面上，南回廊与华严藏在一个水平面上。二廊建立在石砌台基上，面宽十七间计30.6米，进深两间计5.3米，面积162.18平方米。

廊为五檩木架，穿斗式梁架结构，单檐悬山式建筑。廊的左、右、后三面以竹编泥墙封护。正面不设装修，宽敞明亮。檐下柱额间安置雕花雀替。惜原塑像和壁画均已毁坏无存，但三十四间回廊建筑保存完好。

13. 万佛阁

万佛阁在报恩寺中轴线上的末端。三重檐，五开间计24.74米，进深三间17.07米，高24米，总面积422.3平方米。平面呈回字形，为三十柱五开间重檐歇山式建筑。

台基高1.61米、长27.94米、宽20.27米，用青石条垒砌成须弥座式，正面石砌九级踏跺一道。

万佛阁三层檐斗拱，制作各异：下檐为双翘重拱五踩斗拱，并出斜昂。腰檐为单翘昂五踩拱，双下昂。上檐斗拱出跳最多，为九踩计心造。下檐柱头科坐斗比平身科坐斗明显加大，柱头科斗拱0.19米，平身科0.12米。因每间面宽不一，斗拱攒当分布距离也各不相同：下檐明间用六朵，次间用五朵，稍间则用一朵，两山面明间施五朵，次间用一朵；平座四面每间均为两朵，腰檐斗拱朵数最多，前后檐的明、次间安饰六朵，两三间明间又用五朵斗拱；上檐斗拱安饰更为特殊，四面明、次间全部安置六朵斗拱。这些精美华丽的斗拱，使整个阁体轮廓更加秀丽，气势壮观。

四角柱微有生起，侧脚较明显。

阁正中彩塑如来佛祖讲经说法像一尊，连台通高5.5米，左右的"十大弟子"两手合掌，侍立两旁，造型生动，姿态各异：有笑容可掬，慈祥亲切者；有怒目而视，威严凶猛者；有合眸默思，深谋远虑者。

在如来佛祖像前面两侧，立着两位官员塑像，为主持修建报恩寺的主人王玺、王鉴父子之像。这两尊造像高约3米，头戴官帽，身着官服，五官端庄，神情虔诚，两手抱拳，聆听传经。

底楼右侧有一楼梯，设扶梯至上层楼。楼内后部神龛上供有七尊木雕佛像，传说，人头疼、手疼，用刀刮其佛像相同部位的木屑煮水服用，即可痊愈，因此，残损较大，后补修复原。

阁内楼上、下三面均绘制有壁画。

二、建筑风格与特点

报恩寺是国内罕有的保存完整的明代早期官式寺庙建筑群，建筑的排列布局具有明代特点，而建筑风格保留有宋代向明清过渡的明显特征。

报恩寺以大雄宝殿为中心，寺内建筑平面布局简洁巧妙，有明显中轴线。在

狭长的空间上营造门庭、殿堂，且各建筑逐级升高。建筑序列纵深布局，在空间处理上采取放—抑—放的手法，表现出设计者明显的思想性和艺术性，总体布局突出宗教的威严与神秘。

报恩寺大雄宝殿前左右对称的是大悲殿、华严藏，是模仿故宫奉天殿两边的文楼和武楼而建。大雄宝殿无论从大木结构、斗拱形制，还是细部门窗装饰、枋头、"霸王拳"、垂脊饿兽小跑、屋面琉璃瓦、鼓镜柱础，均与故宫的奉天殿相似，压轴建筑万佛阁则模仿天安门。整个寺院建筑群宏伟壮观，雄伟端庄，官式建筑的法规成例表现突出，随处"可见"故宫形制，是一座寺庙和宫殿特征兼而有之的罕见的古代佛寺建筑群。

典型官式建筑与地方建筑手法交相辉映是报恩寺建筑群的主要特点。如主体建筑大雄宝殿从举架到斗拱均严格按照《营造法式》建造，但其左右各设置了造型独特的斜廊且与周围其他建筑互不挨靠，在整组建筑群中雄伟堂皇而绝不失灵巧活泼；御碑亭上檐为八角而下檐为四角，构思大胆，造型别致。

建筑造型极其丰富是报恩寺又一大特点。每组建筑群的单体建筑造型均不同，从开间到屋顶都各具特点：寺庙山门五开间，单檐歇山顶；钟楼三开间，重檐歇山顶；天王殿五开间，单檐歇山顶；大悲、华严两殿皆为三开间，重檐歇山顶；大雄宝殿为五开间，重檐歇山顶；御碑亭为三开间，八角重檐攒尖顶；万佛阁为七开间，三重檐歇山顶。除了帝王宫殿最高等级的九开间平面和庑殿顶外，该寺庙几乎集中了所有的中国古代建筑屋顶的全部式样。

报恩寺单体建筑均采用"穿斗式"与"抬梁式"合并使用，转角、檐下施"斗拱"，斗拱极其繁冗、壮大。各建筑斗拱如云，型制多样，结构奇特，形态生动，手法娴熟，工艺精湛。尤其是斜拱花样之多，为全国少见。

钟楼施重翘五彩斗拱，不出昂；天王殿为七踩斗拱，不出昂，前后檐增加45°斜拱；大悲、华严两殿，下檐七踩不出昂，前后檐亦有45°斜拱，上檐七彩出三下昂，并出45°斜昂；大雄殿下檐为三下昂七踩，有45°斜拱。上檐为四下昂九踩，出斜昂；御碑亭半拱七踩，下檐单抄双下昂，上檐出三下昂，万佛阁施三重檐，斗拱因位置不同而形式各异，上檐同大雄殿四下昂九踩，中檐单抄双下昂七踩，下檐双抄双下昂九踩，内檐双抄七踩。寺庙斗拱较清式为大，宏雄有力，结构作用明显。因斜拱、斜昂相互交错，昂的造型各异，斗拱造型变化丰富，很好地结合了官式做法和地方工艺，综合观察觉得该建筑群斗拱组合密集繁复，极富装饰性，有"斗拱如云"之感。

在殿内结构上充分体现了明代木构建筑的主要特点，于梁架上去繁就简，于装饰细部上增繁异巧。各殿梁架结构原则相同，天花以下明栿为抬梁式，天花以上草栿为穿斗式做法，两种方法结合运用。各个构件之间的结点以榫、卯、斗相结合，构成了富有弹性的框架，以梁柱承重，柱子纵横两个方向均以梁枋、斗拱等构件牵连，双层圆柱的使用形成了内外两重框架，檐柱侧脚生起明显，不仅美观，更重要的是具有极强的抗震性能。在建筑上采用中心通柱、套筒式柱梁结构等特殊构造，加上优质楠木材料，历经多次地震（震级高达7.6级）考验，仍能保持完好。

报恩寺在建筑选材上极为重视，各类主要用材精选楠木，因件配料，质量颇高，是国内目前保存完整的明代早期官式寺庙建筑实例之一，同时又是国内罕见的在少数民族地区汉式建筑风格的藏传佛教寺院，是多民族文化融合的典型代表，是少数民族地区大式建筑的杰出典范，为四川少有的官式做法，被誉为"明代罕见之遗物"。

另外报恩寺是明代汉人充任的地方土司奏请正统皇帝建造的，历时二十年完成，是当时多民族边远地区特殊政治制度的重要历史见证。报恩寺的建筑年代明确，建筑手法包罗万象，具有当时鲜明的时代及地域特征，并受历朝历代官府的保护，就连"文革"也没有被破坏，建筑群极高的历史价值、艺术价值、科学价值、社会文化价值得以完整保存。

三、建筑装修与装饰、配饰

1. 木装修

报恩寺的建筑规格是比较高的，如建筑的屋顶均为歇山式，大雄宝殿的斗拱为九踩，其余建筑的为七踩，大雄宝殿为须弥座台基等，在建筑的装修与装饰上，也都体现这一规格。

报恩寺的门有实榻木门和隔扇门两大类。仅山门的门为实榻门，其余主体建筑的前、后檐均施隔扇门和槛窗（万佛阁后檐为墙体），两侧次要建筑万佛阁和大悲殿亦仅前檐施隔扇和槛窗。

山门是一座面阔五间单檐悬山顶建筑。明间施实榻门，次间为余塞版门。明间两扇大门高3.7、宽1.57、厚0.1米。每扇门两面用6块木板拼装而成，中间施穿带7条。正面对着穿带的位置，有7排门钉，每排7枚，共计49枚。门钉钉

13

帽直径 5 厘米，表面镀金，状如蘑菇，金光灿灿。门钉 7×7 之数仅次于皇宫建筑 9×9 之数。

由于报恩寺在民国时期一度为国民党军阀关押壮丁、驻扎军队的场所，各殿的门窗、壁画等遭受不同程度的破坏，门、窗损坏殆尽，仅大雄宝殿和天王殿存部分门窗。天王殿和大雄宝殿的门窗形制相似，明间和次间施隔扇，稍间施槛窗，现在的门窗均依据现存的门窗形制而补修。隔扇为五抹，高 3.6 米，没有下绦环板，上绦环板和中绦环板用短抱框分隔为两格，根据现存的隔扇看，格内施有木贴饰，以梵文六字真言为装饰。扇心攒八方菱花纹。槛窗为四抹，三交六椀毬纹菱花格心，上、中绦环板亦为短抱框分为两格，每格贴饰花草。

报恩寺的建筑普遍都施天花。天花是用于室内顶部的装修，有保暖、防尘、限制室内空间高度以及装饰等作用。天花亦称承尘、仰尘、平棊、平闇等。报恩寺的天花为明清所称的"井口天花"。井口天花是明清建筑中天花的最高形制，由支条、天花板、帽儿梁等构件组成：支条构成方井，上部设盖板（天花板），形似棋盘。各天花下施攀间斗拱。

2. 建筑彩画

报恩寺的建筑彩绘有官式和地方两种类形，各建筑体的柱头、梁枋、天花、藻井、斗拱、拱垫板、部分椽檩均施彩绘，除大雄宝殿和天王殿保存较完好外，由于时间久远，彩画的颜色脱落比较严重，部分建筑的局部仍可辨别。

报恩寺的柱头彩画大概可以分为上、中、下三部分，上下各约占四分之一，中间部分占一半。以青、绿和白色设色，下部分有"王"、"正"和"卍"，中间主要是十字别花为主。柱施红漆。

报恩寺中轴线上的建筑和两侧次要建筑华严藏、大悲殿，其前、后檐柱间的联结是大、小额枋和中间的垫板组成的联合构件，额枋上施平板枋，平板枋上施斗拱。因此施彩画时，这三个构件是一个有机的结合。由于报恩寺的建筑规格和等级的关系，报恩寺彩画用金量较少，彩画不是明代等级最高的云龙与龙草彩画，而是采用了金线大点金和墨线大点金相结合的旋子彩画。

报恩寺的旋子彩画，根据梁枋构件的长短，在构图的划分上就有区别。一般而言，彩绘时将其划分为三分，这三分或为相等的三分，或找头和方心各占一半，大、小额枋和中间的垫板是有机组合的。彩画的构成上，根据梁枋构件的长短而有区别：明间、次间等长构件上，一般由盒子、找头和方心构成，盒子箍头外侧还设副箍头。次间等较短的梁枋彩画则一般没有盒子，仅由找头和

方心构成。碑亭仅施额枋，故其外檐只在额枋和平板枋上施彩画。在设色上，基本以青、绿色冷色为主。两侧找头各占一廷，画对称的变形如意纹及旋子花的组合图案。旋花图案面积大，形状突出，表现了花朵盛开时的姿态，为明代旋子彩画之典型特点。盒子内画十字别旋花、菱角如意、锦地等图案。方心画莲花如意、石榴、牡丹、宝相、西番莲等图案，主体建筑的方心还画龙、凤等高等级的彩画；色调的处理上冷暖结合，花朵用红色、金色点缀。大雄宝殿的前檐额枋两端作龙头雕刻，两龙头相向，作含额枋状，从局部看，额枋与龙头都施有彩。

但需要注意的是在内檐的梁枋、天花上，则用金量显然要多于外檐，故其内部的色彩要艳丽得多。与彩画相结合的还有雕刻装饰，主要见于内檐，包括垫板、雀替和拱的云朵雕刻，在减地雕刻外和施彩，花瓣多沥金；垫板根据长度分隔为 2~3 个部分，每个部分雕刻的花朵亦有别。垫板的金色和上下枋的青绿旋花找头、红色（或金色）方心花朵相映，视觉装饰效果极强。

斗拱彩画一般用三色：青色、绿色和白色，用白色描画斗拱，其内填青色或绿色，无论外檐斗拱还是内檐斗拱，都是如此。一攒斗拱出几挑的，青与绿色间开使用，下层用绿色，上层就用青色，斗的颜色与拱、昂也是间错使用的。拱眼的彩画脱落较厉害，一般为青、绿为底，白色、黄色描拱眼边缘，内绘花草，花瓣用红色或金色（现多褪色为白色，可见是以白色为底的，或者底为白色的）。

挑檐桁亦施旋子彩画，与梁枋彩画用色、构图等都一致。

报恩寺建筑椽望都不施彩画，故保持了木原色，唯万佛阁的椽头都施有雕刻的贴饰。但正是如此，整个建筑的以青、绿为基本色的外檐与绿色的琉璃瓦的颜色以木原色间隔，避免了颜色的单一，同时也丰富了建筑的外檐色彩。

普遍采用天花是报恩寺各建筑的一个特点，从建筑结构上看，天花以上的部分采用穿斗式，是四川地区甚至南方地区常见的做法。天花普遍施彩画，建筑等级不同，装饰的内容不同，大概如山门、天王殿等中轴线上的次要建筑和大悲殿、华严藏等两侧的次要建筑的天花一般施莲花、牡丹、宝相花等花草，衬以青、绿，花瓣用红色或贴金。大雄宝殿是整个建筑的主体部分，其天花装饰和内檐的雀替雕刻等部分就出现龙、凤等高等级建筑才使用的装饰题材。大雄宝殿的天花，有花草、有红色莲花瓣衬托的吉祥八宝，还有沥金的龙和凤，虽然龙为四爪。此外，碑亭里的碑因与"御"有关，故其天花彩画亦使用了龙凤题材：或为

二龙戏珠，或为龙凤呈祥。

报恩寺的装饰除了彩画，还有壁画和影塑，这两个内容下文有介绍，兹不赘述。

3. 屋顶装饰和颜色

报恩寺建筑屋顶均施绿色琉璃瓦，除山门为悬山顶外，其余建筑均为歇山顶：天王殿为单檐，大悲殿、华严藏、大雄宝殿为重檐，万佛阁为重檐三滴水。无论是悬山顶还是歇山顶，建筑正脊两端都有硕大的吻兽，张口含住正脊，尾部上卷，背插宝剑；为了防止雀栖息脊上损坏瓦件，吻兽背上均安置铁饰件——拒雀叉子。歇山顶垂脊前有垂兽（天王殿无脊兽），戗脊前端施戗兽，一般为龙头。围脊合角处亦施吻兽。戗脊前还施有走兽，与木构件仔角梁的琉璃套兽相映成趣。走兽的数量不论建筑的主次似乎都是三个，走兽前端根据官式建筑的做法应该是骑凤仙人，但报恩寺似乎又没有严格遵守这一做法。

正脊两端安置吻兽（汉称鸱吻）最初是出于"厌胜"，据说"南海有鱼虬，尾似鸱，激浪成雨"，故用之于建筑压火，到后来演变成为功能性和装饰性的结构构件。报恩寺的琉璃吻是由正吻、吻座、背兽、剑把等几部分组成的。建筑的等级不同，吻的大小有别，报恩寺的正吻比较大，故为分块拼接，一般为上下两部分，拼块之间用吻锔联结固定，兽身附雕小龙。背兽的后尾和剑把的下部都有预制长榫伸入吻内预留的卯口内。为了稳固，还施有吻索，端头固定于垂脊。如大雄宝殿正脊高约 0.9 米，正脊两端的吻兽高达 1.3 米。垂脊与正脊交接处亦施有角吻兽，张口含垂脊，脊前施垂兽，垂脊上施力士和垂兽，吻索在力士背上穿过，力士伏于脊上，头下脚上，若被吻索拉倒状（大雄宝殿）；力士或作回首张望状（大悲殿、华严藏），或抬臀伏耳做谛听状（大悲殿、华严藏），或为仰面朝天（华严藏），或作跟跄倒地、头下脚上（天王殿），总之力士的形象就很丰富。

垂脊上的力士、走兽均位于垂脊脊筒上。除山门现存一个天王外，余为 2 ~ 5 个，与垂脊前端的垂兽约等距离分布。数量的多少与建筑的规格有关，规格高则数量多，反之就数量少，如位于中轴线上的主体建筑大雄宝殿和万佛阁垂兽为 5 个，大悲殿和华严藏、天王殿等只有 2 个。垂兽的种类与数量似乎就是戗脊前 10 个走兽的组合。万佛阁上层重檐垂脊后端施站立人一尊。下层垂脊多不施垂兽，唯大雄宝殿下檐垂脊在垂兽后各施一天王：天王戴冠，着甲胄，执法器坐于座上。

走兽位于戗兽的前面。一般而言，走兽的数量为奇数，包括龙、凤、狮、天马、海马、狻猊、押鱼、獬豸、斗牛、行什，前端一般为骑凤仙人。走兽数量的多少与建筑的等级有关，报恩寺建筑的走兽一般为三个，走兽及前端的仙人被其他形象所取代，这些形象有文吏、脚踩祥云的仙人、双手合十的佛家弟子及一些捧花、执瓶的供养人等，与官式建筑有别，可能是地方做法，但这些形象大大丰富了报恩寺建筑的屋顶装饰。

碑亭是整个建筑群唯一的攒尖顶建筑，下层为四边形，上层八坡，八条角脊。脊较陡，攒尖处置三重琉璃宝顶，末端饰黄色琉璃龙头，压于宝顶下，角脊如含龙口中，下部均饰走兽。宝顶为两重须弥座，下须弥座束腰雕饰龙，上座顶为仰莲，上置黄色琉璃宝珠。

建筑翼角仔角梁上的套兽是木构件仔角梁的保护构件，一般为琉璃的龙首。报恩寺建筑的套兽除了龙头外，还有凤凰和鹰等形象。龙口紧闭，嘴端略上抬，是整个建筑群中主要的套兽形象。大悲殿上檐翼角的套兽为凤，建筑的翼角就位于凤的背上。凤曲颈，头向下，张嘴鸣叫，双翅展开作飞翔状——整个造型就是凤托负着屋角在奋力飞翔，而戗脊前端的踩云仙人，身略前倾，又与官式建筑中的仙人骑凤吻合，可谓独具匠心。与大雄宝殿翼角具有同工异曲之妙的还有万佛阁顶层的翼角，套兽为琉璃曲喙的鹰隼头：鹰隼翱翔天际，而建筑的屋角就是鹰隼的身与张开的双翅！

报恩寺的建筑屋顶装饰均为烧制的琉璃，从残破的构件看，天王、走兽、仙人等制作时为空腔，以便于烧造。由于数量较多，可能用模具批量制作的。琉璃的色彩有蓝、绿两种，以绿色居多。装饰带有佛教和世俗化的色彩，如脊兽中就有狮子踩绣球（万佛阁）、大象（万佛阁）、世俗人物等，在屋顶的处理上也是不拘于定式，能够自由发挥，而凤和鹰隼套兽又与报恩寺所处的深山环境相符合。

报恩寺建筑屋顶的绿色琉璃瓦和装饰的力士、走兽、套兽都与屋顶屋面的颜色一致，为了避免颜色的单一，建筑的山花上采用与屋面颜色反差较大的琉璃雕饰图案。除了万佛阁的山花为木板的外，其余的山花均饰琉璃装饰：博缝砖与博脊为绿色，组成一个三角形框，其内饰琉璃拼接的装饰图案：或以绿色为地，饰黄色流云（华严藏）；或以红色为地，雕饰葵花（天王殿）；或以绿色为地，雕饰黄色群狮戏球（大悲殿）。山花的装饰为多个琉璃砖拼接的组合图案，琉璃砖的用钉固定于木山花上，钉端覆以琉璃钉帽，亦具装饰作用。同一座建筑两侧的

山花总体装饰风格相同，但在具体处理上又具有差异，于同中求异，异中又存同。山花的颜色与装饰，丰富了建筑的色彩，避免了因建筑颜色的单一而造成的呆板。

4. 配饰

匾额是建筑名称的标识。匾额也作门额，古作"扁"，《说文解字》"署也，署门户之文也"，即此之意。报恩寺建筑的匾额大体均为横式的，但在匾额的装饰上有繁简之分。山门横额"敕修报恩寺"是整个建筑中最为复杂的一个：长5.4米，高2.2米，字高达1米。牌首与两侧的牌带作花边，与牌舌间浮雕云龙九条，龙身通体沥金。红底金字，楷书阳刻，相传为杨升庵所书。因其为"敕修"，九龙是其等级的象征。有趣的是，匾额两侧的走马板上各绘有着甲力士，相向，脚蹬走马板的短抱框作用力拉拽门额状。天王殿门额为横式华带牌，红底金字，楷书阳刻。牌首、牌带内镂雕云龙，龙身沥金，祥云缭绕；门额两旁圆雕力士以铁链系其肩作用力拖拽状。托匾力士顶盔贯甲，足踩祥云，一前一后，身体略向前倾，双手紧拉斜负于肩的悬匾铁链，双目凸出，作尽力牵负匾额之势。雕刻时突出肌肉、筋骨和神情，表现力士用力时的状态。其余各殿的门额都很简单，不作雕饰，黑底金字，或于长方形横额上镌字，如钟楼的门额就是于整木上行书阳刻"天音醒世"四字；或门额由几块方形木板镌刻"大雄宝殿"、"大悲殿"、"万佛阁"等，每板一字，楷书阳刻。这些字均出于名家之手，以文字的艺术在点名建筑的同时给人以艺术的享受。

5. 雕刻

报恩寺的雕刻包括木雕和石雕，雕刻技法上有圆雕、高浮雕、减地浅浮雕、镂空、阴线刻等，这些雕刻有大有小，有的用单一的雕刻技法，有的则是多种雕刻技法混合运用，共同点缀着报恩寺建筑的艺术。

木雕见于建筑的装修和配饰，如建筑内外檐的雀替和外檐的额枋、由额垫板及建筑的门匾额，前者为减地高浮雕，题材有花草、龙、凤等，大多数在雕刻后还绘彩。后者主要是镂空雕刻，主要是牌匾的牌带部分，雕刻形态各异的龙的形象。

被誉为一绝的千手千眼观音雕像是大悲殿的主尊，像通高9.05米，系用楠木雕刻而成。宝冠高髻，天衣飘垂，璎珞垂至足边，赤足立于莲花宝座之上；肩后两臂向上高举一"无量光佛"，每只手掌各刻有一只圆睁的慧眼，并执有法器。像通体着金。匠师运用圆雕、浮雕和线刻等多种技法，表现观音的微笑、肌肤的

细腻、披巾的飘柔和服饰的雍容华贵。不论转换什么角度，都可以在她的身上看到许多优美的弧线，整个雕刻令人赞不绝口，流连忘返。

报恩寺中体现最高等级的数字"九"的，除了山门的九龙匾额外，还有大雄宝殿内的九龙牌位。牌位为竖式华带牌，高约3米，系用上等金丝楠木雕琢而成，上书"当今皇帝万万岁"，牌位顶部正中一正面龙，下部两龙相对，头部如托牌位，两侧牌带各透雕金龙三条，共九条金龙。整个牌位构思精妙，既代表了当朝的皇帝，也暗含了正统皇帝以后历代皇帝。九条金龙，既是最高权力的象征，又是王玺及同僚向皇帝"祝延圣寿、报答皇恩"的象征。牌位上的龙形态各异，刀法纯熟，是报恩寺现存文物中不可多得的艺术品。

木鱼，位于大雄宝殿佛像前木雕座上，用整楠木雕刻而成。整体呈圆形，突出表现鱼的头部，中空。鱼身上浅浮雕和阴线雕刻鳞片，背后圆雕"双龙抢宝"，虽只有头部，但给人以龙身隐于鱼头下的感觉。座上面圆形，下面为八边形，凳面稍宽，至兽足部微收。整个雕刻亦为多种雕刻技法混合运用。

报恩寺的石雕包括建筑的须弥座基座及勾栏、柱础石、踏道、桥栏及抱鼓石、殿内佛像的基座、佛像前的石香炉以及圆雕的狻猊、龟趺和经幢。

须弥座是建筑基座中等级较高的，包括山门的八字照墙、天王殿、大雄宝殿、万佛阁、大悲殿、华严藏等建筑的基座均采用须弥座。基座均为石砌，雕刻比较简单，多见于束腰部分，题材有华版、玉带、麒麟、海马、水波纹、卷云、牡丹、月季、菊花、狮子、绣球、彩带等，转角施角柱。

佛像基座亦为石砌，通常位于莲花台座的下面。这类须弥座雕刻相对要复杂些，雕刻不仅见于束腰，还见于上下枋、上下枭和圭角，可谓遍施雕刻。采用减地浮雕的技法雕刻朱雀、玄武、水纹、莲花"吉祥八宝"等，圭脚刻卷云纹，束腰转角处高浮雕首尾互对的金甲鱼（大悲殿）或力士神像（大雄宝殿）。

报恩寺建筑的柱础一般为素饰。大雄宝殿前后金柱的柱石鼓磴饰浅浮雕花草，或为连续的卷草，或为折线半花。

报恩寺内的踏道有垂带踏道和礓磋。雕刻见于垂带踏道的象眼，雕刻用浮雕技法，题材有菊花、葵花、金钱、方胜、牡丹、铺首、群狮戏绣球等。整个雕刻主题突出，没有繁缛多余的内容。另外，山门踏道的中间御路石上似乎也有雕刻，但已漫漶不清。

报恩寺内的勾栏，是宋以《营造法式》的石作制度为蓝本的。天王殿的勾栏由望柱、寻杖、云拱瘿项、华版、地栿等组成。采用浮雕技法，华版雕刻祥云、

群山、水波及菊花等花草。大雄宝殿月台勾栏高1.17米，每段长2米，寻杖与华版间施三幅云净瓶。望柱柱身仅雕刻出盘子，无柱头。华版浮雕花草及高士等。

位于山门与天王殿之间的石拱桥，民间俗称"金水桥"，桥为三路单孔石桥，桥身两边镶砌石栏杆，青石栏板浮雕花草、山川、亭台楼阁、飞禽走兽、人物、琴棋书画和汉字等，题材最为丰富。桥下池壁栏板雕刻卷草、云纹等图案，如桥栏映于水中。桥头前施抱鼓石和石兽，抱鼓石或浮雕花草，或线刻花草。抱鼓石前的石兽伏于地，形态个异。

报恩寺殿内的石香炉，既是善男信女请香的用具，又是雕刻精美的艺术佳作。华严藏殿内香炉，整体形状为立柱体，平面为长方形，通高1.46米，由炉斗、炉身、须弥座底可分可合的三层组成。炉身的四个侧面浮雕"唐三藏西天取经"的历史故事。左边高浮雕"孙悟空三打白骨精"。右边雕刻"巧过火焰山"，正面则是取经归来图。后面浮雕为群山白云图。炉斗高0.34米，上宽下窄成斗形，浮雕双凤朝阳，其余平面采用圆雕和镂空雕，高浅浮雕等手法雕刻卷云、卷草图案和花卉。大雄宝殿内石香炉，呈圆柱形，通高1.19米，共分五层，层层收放得体，远望如一朵盛开的莲花。底层等分圆弧上浅雕四束鲜花、牡丹、月季、菊花。二层雕刻有卷云纹。三层采用高浮雕镂空雕刻手法，雕刻四头狮子戏绣球。四层高浮雕"二龙抢宝图"。五层为炉斗及插香之用，边缘浅浮雕三层荷瓣构成炉斗。万佛阁石香炉为结构最复杂、刻艺最精湛、炉身最高、层数最多、形状最丰富多彩的一座。整体取势为圆柱方台，其底为六曲形、中为六边形、上为圆形，采用了浅浮雕、镂空雕、圆浮雕等多种技法，炉身雕刻有各种奇花异草、树叶、花瓣、人物、动物、山水祥云、天宫楼阁等图案，由八层组成，通高1.96米。尤其四层的人物雕刻更是传神。在浅雕的莲瓣上，浮雕楼阁成围栏戏台，台上高浮雕或弹琴、或阅卷、或铺宣、或演唱等的人像十二尊。人物各具形态，自然生动。六层的"伎乐百戏"雕刻是在圆雕、镂空雕卷云之上又高浮雕12尊手持各种乐器的乐人组成的"伎乐百戏"。这些形象的头部虽已被破坏，但据其不同的举止，也可想像出每个人物形象的表情。

石狻猊和龟趺均系整石圆雕而成。狻猊一雄一雌，蹲坐位于山门前的须弥座上，雕刻高2.9米，胸宽1.15米，作正面蹲坐扭头相望状，前腿直立。左边的雄狻猊项下铃铛上阴刻"狻猊"二字，右前爪抚弄着一只绣球，绣球上系着翻飞的彩带。右边雌狻猊左前爪轻轻抚摸幼狻猊，颈前挂一圆铃铛，体形较瘦小而显得

苗条秀丽。这两个狻猊雕刻，于圆雕中又运用线刻，两狻猊体形对称，前胸、后背、腿部肌肉隆起，饱满有力，身披卷毛、凸目隆鼻、齿利爪锋，表现其刚与柔的一面，具有强烈的动感。

龟趺用本地花岗岩石制作。石龟伸颈，昂头，用力的四爪，作尽力背负背上的石碑状。

报恩寺的雕刻，雕刻技法多样，能与粗犷中见细腻。题材内容多样，不仅继承了我国唐、宋以来宗教雕塑艺术的传统，而且在一定程度上还有所创新。

叁 壁 画

　　报恩寺现存壁画主要在大雄宝殿和万佛阁的墙壁上，壁画面积较大的南北回廊则早期被毁。在"文化大革命"期间大雄宝殿和万佛阁约80平方米的壁画被涂抹上石灰。寺内约450平方米的壁画全部绘制于明代，属明代早中期典型的宫廷工笔重彩"道释画"，并有地方画师所特有的表现技法，壁画内容中藏传佛教元素明显。主要内容为"十二圆觉像"和"礼佛图"，画面分别高2.5米至3米，各类人像100余身，巨幅佛像全部沥粉贴金，绘制精美，色彩艳丽，气势磅礴。

　　大雄殿的左、右、后三面砖砌墙壁上，共绘制有117平方米的壁画。主要内容为佛祖弟子"十二圆觉像"。这十二位弟子分别是文殊师利菩萨、普贤菩萨、普眼菩萨、金刚藏菩萨、弥勒菩萨、清净慧菩萨、威德自在菩萨、辨音菩萨、净诸业障菩萨、普觉菩萨、圆觉菩萨和贤善首菩萨。十二个菩萨像的周围还衬以祥云、楼台亭阁和其眷属小菩萨们。像高2.5米，全为坐像。均为工笔彩绘，描金，绘画技法娴熟。同殿内主供三世佛及后部泥塑共同组成了《圆觉经》佛为说大乘圆觉清净境界修行法的场面。

　　万佛阁是报恩寺面积最大建筑，其壁画面积也最大。阁楼上下两层的三面墙壁上均绘满了壁画，总面积328平方米。壁画内容为"礼佛图"。画面上有身材高大、神情肃穆的帝王君主；有手捧贡品、端庄美丽的天神玉女；有体形剽悍、面目狰狞的天王力士；还有两手合十、神情谦恭的寺庙僧侣。各种人物画像高达3米，高低错落，左右顾盼，周围衬以流云仙气，并与阁内供奉的金身佛像有如众星拱月，前后呼应，动静相衬，生动地构成了一幅庄严的"护法图"。这批壁画，构图生动，笔法精炼，线条流畅，色泽艳丽，出神入化，它是报恩寺中的珍贵遗存，也是我国明代壁画中的精品。整个壁面上绘制各类人像100多身，包括菩萨、天王、金刚、明王、僧人及世俗人物等。这些人物形象高大，有的高达3米，周围衬以流云仙气，气势恢弘。

　　南北回廊墙壁上由记载得知：壁画内容主要为"释迦源流图"，惜已毁无存。

　　报恩寺壁画制作程序有两种。一是直接在砖砌墙上制作泥胎层；另外一种是用竹编抹泥作胎，两种方法的泥胎层结构基本相同。砖墙上底层结构厚为2.5厘

米，竹编泥胎厚约 2 厘米。其壁画制作结构和程序，与宋《营造法式》卷十三泥作制度"画壁"条款规定相似，但又有创新：即在泥层底部增加了棕丝，面层砂泥部分内的麻刀用棉花代替。棕丝和棉丝起到增强壁画结构的强度，使整个墙面不易裂缝、脱落。

报恩寺壁画的泥层，其解剖结构无论是在砖墙或是在竹编墙上，均是在形成的面上先抹草泥两层：第一层为底层，麦秸泥掺棕厚 2.2 厘米，其中短麦秸 1.2%，综丝 2.6%，黄土 96.2%；第二层为中层，麦秸泥厚 1.8 厘米，其中碎麦秸 3.4%，黄土 96.6%；第三层为面层，灰泥厚 0.5 厘米，其中白灰 30.5%，白膏泥 25.5%，黄土 42.5%，棉花 1.5%（重量比）。建寺至今，经受住了历史上多次强烈地震的考验。

报恩寺壁画的绘制方法：在墙上抹泥干燥后，刷白土粉一道，干后底子洁白，这样对所绘壁画起到了很好的衬托作用。工匠们的绘画程序分起稿、勾线、着色三个步骤，即古代匠师们所说的"一朽、二落、三成"。也就是用炭条（柳木制成又称朽子）起稿，待修改后用淡墨或赭色勾出初稿，然后用墨笔勾线，有的则采用沥粉，勾线完成后按计划着色，这样，一幅精美的壁画就算完成。报恩寺全部壁画绘制均采用"沥粉贴金"，使画面艺术效果更为逼真。

各殿壁画，从技法、风格上考察属同一批工匠绘制，它与现存的同时期著名四川省蓬溪宝梵寺、新津观音寺、剑阁觉苑寺壁画有可比性，均采用通景画面构图，有场景巨大而精细、壁画内容丰富而简洁的特点。宗教题材的画风、技法相近，是我国现存明代壁画中的上乘之作。

报恩寺壁画的绘制年代虽为明正统十一年（1446 年），但其绘画艺术风格属吴道子画派。在技法上，采用工笔重彩，金纹描与沥粉贴金相结合，一般画面上的人物、衣冠、建筑台阁采用沥粉，故显得立体感很强。部分神像的铠甲发冠，则采用沥金绘制。人物的头、手、足和肌肤均采用工笔纹描的做法。画中运线、勾勒、渲染、着色、沥粉、贴金等各种技法十分全面，人物服饰十分精致，山水云气线条流畅，建筑结构严谨清晰，细部真实，透视准确。

报恩寺壁画的最大特点，表现在题材上的多种宗教糅合，其主要原因是与平武当时的历史、地理条件有关，也有服从于土官王氏家族的政治需要。唐、宋以来，平武"地处边陲，界在氐羌"，属羌、氐、藏、回、汉民族杂居地，各民族信仰有别。王氏家族修建报恩寺原因之一是利用宗教信仰教化民众。因此，整个壁画题材，反映出密宗、显宗并存，同时也表现了内地壁画传统技法和藏画题材

艺术相互糅合。

报恩寺壁画在布置境界、艺术构思上颇具匠心，风格独特。万佛阁一楼壁画题材主要以宗教神像为主，同时也绘制了一些供养人，世俗的人物有王氏家族成员，也有本寺住持僧侣。这些神像、人物，左右呼应，高低错落，构成一幅完美的"礼佛图"。这些壁画可说明是匠师们的独创。壁画色彩丰富也是一大特点。壁画内容及用色虽受到宗教经文的严格制约，但在具体运色时，匠师们发挥了高超的艺术才华，把所有色彩统一在协调的画面之中，藏传佛教壁画风格明显。大雄宝殿内的"十二圆觉"壁画，虽已烟熏陈旧，但仍可看出当年金碧辉煌的面目。而万佛阁内的壁画色彩明快、艳丽，与建筑及阁内泥塑相映成辉。

壁画人物形象生动，人体结构准确，就技法而论，不论人物的高低、老少，还是人物的衣褶、眼睛的顾盼，在匠师们一丝不苟画笔下形神兼备，栩栩如生。画师的笔法与用色之精，为现存明代壁画之精品。

肆　彩　塑

　　报恩寺的彩塑，包括泥塑、影塑。

　　报恩寺的泥塑，见于山门、天王殿、大雄宝殿和万佛阁等中轴线上的主体建筑和配殿华严藏内，主要为佛教寺院常见的题材，包括金刚、明王，四大天王，三身佛，佛及其十大弟子等塑像；另外在万佛阁底层的佛说法的塑像中还有报恩寺的创建者王玺、王鉴父子的凡夫俗子的塑像。

　　山门内、外两侧有金刚、明王塑像四尊。金刚力士像两尊，分布于门外两侧。这两尊像为佛教中的护法天王——密迹金刚和那延罗金刚，民间俗称"哼哈二将"。哼哈二将，原来都是佛国里的金刚力士。据《大宝积经》记载，哼哈二将手拿金刚杵，是保卫佛国的神，用今天的话讲，就是把守山门的两位警卫大神，或者叫两位把门将军。明代小说《封神演义》即为附会而成的两员神将。一名郑伦，能鼻哼白气制敌；一名陈奇，能口哈黄气擒将。塑像头戴宝冠，下着裙，上身裸露，剑眉倒竖；右手执金刚杵，两脚张开。左像怒颜张口，身披飘带，左手握拳放于大腿之上，右手扶金刚杵，脚踏一老一少两俗子。右像忿颜闭口，手托金刚杵，一脚作踢跪于地上的女人状，一脚为一男子扛于肩上。塑像愤怒的面部表情、夸张的肌肉，令进入寺内的善男信女们无不扪心自问善恶是非。

　　门内左右为多头多臂的明王像。民间又称"三头六臂"、"四头八臂"。像头戴幞头，着坎肩，上体裸露，下身着裤，手执法器，赤脚坐于坐骑背上。像高约4米，剑眉竖立，双目圆睁，威猛的架势令人望而生畏。

　　"四大天王"是佛教的护法天神，俗称"四大金刚"，又称"护世四天王"，分居须弥山山腰上的四座山峰，"各护一天下"：东方多罗吒，持琵琶，住东胜神洲；南方毗琉璃，持宝剑，住南赡部洲，西方毗留博叉，持蛇（赤龙），住西牛贺洲，北方毗沙门，持宝伞，住北俱卢洲。平武报恩寺的四大天王和国内大多数佛教寺庙的四大天王一样，其形象基本上是根据《封神演义》中的描述而塑造的，将其完全汉化，同时根据他们的法器将其经过了"双关"式的改造，组合起来便成了"风调雨顺"，不仅成为佛国的护法神，同时也成了民间护国安民、风调雨顺之神。这四尊像通高约4米，全为彩塑。四大天王均身体略后仰坐于台座

之上。塑像均浓眉大眼，身材魁梧。头戴宝冠，身披战袍，脚着黑靴。整组雕塑，金冠、金甲、赭面、黑须，红甲带、蓝丝绦带、白战袍，法器，颜色鲜艳，色调对比分明。

大雄宝殿为"三佛同殿"，即供"三身佛"：正中者为"法身佛"（又称法佛），名毗卢遮那佛；左侧为"报身佛"（又称报佛），名卢舍那佛；右侧为"应身佛"，即释迦牟尼佛之生身。泥塑位于正中一排三个"亞"字形须弥座。须弥座上下枋叠涩而出，枋上施鎏金花朵、卷草、龙、凤等，上下枭绘红色莲瓣（八达玛），束腰转角施龇牙咧嘴的夜叉、恶鬼和角柱，将其分隔成不同的部分，束腰一般作几何形开光，内塑行龙、白象、麒麟、狮等，一般对称出现。须弥座上为莲花座，莲花座上为全身着金、结吉祥坐于莲花座上的"三身佛"。塑像通高7米，后有头光和背光，均附着于高大的背屏上。"报身佛"和"应身佛"即左、右两尊佛像，螺形肉髻，身披袈裟，袒右。双手结禅定印，结跏趺坐于须弥莲花座上。双目微微俯视，面带微笑，显得慈祥而又肃穆。中间的"法身佛"头戴镂孔佛冠，面部圆满；身着袈裟，双手结金刚语菩萨之印。

塑像的身后还衬以高大的舟形背屏。背屏由火焰纹外缘、绿底或红底宝相花带和背屏中心几部分组成。背屏中心为红底，以宝相花为地，雕塑金翅鸟、飞天、化佛和龙等。"报身佛"和"应身佛"背屏顶部正中为前爪各执一龙的金翅鸟：金翅鸟居中，前爪执龙尾，后爪各执两龙的后腿，龙张牙舞爪，相向，组成一个弧形，拱卫佛的头部。龙金身，四爪，以宝相花为地。"法身佛"背光为明代典型的"六挐具"装饰。

需要注意的是，"三身佛"的塑像及近长方形的高大的背屏装饰具有藏传佛教的因素，这也是汉藏文化交流的一个见证吧。

与正面"三身佛"相对应的背后的屏壁上，是一堂精美的壁塑。壁面上采取泥塑、壁画、影塑三者结合的方法，记述了"三大士"救苦救难、普度众生的情景。"三大士"彩塑，凌空高悬于"梵天佛地"之中。"三大士"像与正面的"三世佛"中隔板壁，像间有木骨相联，以使塑像稳固。正中的观音大士，佛身，头戴五佛冠，左手舒放于膝上施"定"印，右手曲臂，大指食指作环形，余三指伸开作"慧"印。颈饰璎珞，肩披飘带，斜坐于麒麟背部的莲花座上。身后绘有巨大的背光。左、右两侧的文殊、普贤两菩萨头戴五佛冠，上下身着裳，腕戴腕钏，分别乘坐于坐骑青狮和六牙白象背上的莲花座上。文殊、普贤的坐姿随意，普贤为半跏趺吉祥坐，左手抚膝，右臂举于胸前，中指、食指弯曲与拇指成环

形；文殊为半跏趺降魔坐，右手抚膝，左臂举于胸前，中指、食指弯曲与拇指成环形。身后有巨大的背光，背光周围红色祥云缭绕。整个壁面的背景如水、树木、祥云和头光、背光等多用彩绘壁画表示，山川、人物、树木和驯兽人、善财童子、龙女、供养人等多采用影塑，凸出于衬景。而整组雕塑的主体"三大士"则采用立体彩塑，更突出于画面。整个壁面如圆雕、高浮雕和线描多种手法结合，极具视觉效果。

万佛阁底层彩塑为佛祖说法像一组。佛坐于须弥莲花宝座之上。须弥座为四边形，圭角四角作兽蹄。下枋作开光式，施牡丹、石榴等花草，并用金、绿、红绘彩。上枋亦作开光，红地，金绘"二龙抢宝"、双凤等，上下枭用红、绿、蓝等色绘仰、覆莲（八达玛）。束腰转角施角兽和力士，束腰的几何形开光施红彩，内雕塑云龙。须弥座上为垂金幔的莲花座，盛开的莲瓣上绘金字梵文"六字真言"。整个须弥座雕塑精美、色彩艳丽。佛祖释迦牟尼着袈裟，结跏趺坐于须弥莲花座上，左手扶膝，右手上举结说法印。佛前左右为弟子迦叶和阿难。两侧的台座上为"十大弟子"塑像。弟子斜披袈裟，像高 3 米，或双手合十，或握拳，面部表情或作听法状，或作认真思考状，或作低声讨论状。

佛像前，还有两尊着明代官服、侧身双手抱拳，作潜心听法的龙州宣抚司土官佥事王玺、王鉴父子之像。两像相对，身体略向前倾，显得十分虔诚。将王玺、王鉴父子之像（可以说是供养人像）与佛和弟子像同置一堂，在国内其他地方尚不多见，表明王玺、王鉴父子为虔诚的佛教徒，也可能是建造报恩寺的原因之一吧。

二层后壁的台座上，还塑有十坐像，惜"文革"中塑像的头部被毁。

华严藏的四条泥塑蟠龙是报恩寺很有特色的。这四条蟠龙塑于殿内四个金柱上，长约 7 米，尾上头下，后爪一爪抓穿枋，龙身绕柱，上身在枋下屈曲一圈又作向上冲状，前爪一前一后作奋力状。龙身遍体金甲，弯曲的龙身和前、后爪的肌肉，无不具有动感。但龙为四爪，暗示着报恩寺的规格等级不是最高的。剑阁觉苑寺也有相似的泥塑蟠龙，其时代与此同。

大悲殿是供奉大悲观音菩萨的殿堂，主供千手千眼观音像。像为木雕，像的左右两侧为大悲观音菩萨父母雕像：雕像着明代官服，广衣博带，雕刻出衣纹及带、装饰，衣、冠、头饰、耳饰均鎏金。

殿内四金柱上各彩塑一驾祥云的童子、龙女。童子和龙女身披飘带，着裙，赤脚或脚踩莲花，驾乘祥云从云端而下。或作合十礼拜，或一手掩于口侧作呼喊

状，整个塑像的重心为脚踩的祥云，其又依靠柱子来承重。塑像雕刻出云朵、衣纹，童子和龙女天真的神情溢于塑工高超的技艺。

与主体雕刻相对应的是绘于三面内壁上的影塑，以连环画的方式描绘了千手千眼观音得道的全部过程，面积达90多平方米。

大悲观音菩萨为妙庄王幼女妙英之传说，在佛教上有不同的记载，民间也有不同的传说。

《香山宝卷》中记载："须弥山西有一兴林国，国王婆伽，年号妙庄。生二女，长女妙书，次女妙音；至妙庄十八年二月十九日，又生一女，名妙善，原为仙女转世，一意念佛修道。妙庄王欲让妙善出嫁，她不从父命，出家修行。妙庄王几次劝说无数，便放火烧寺。妙善刺口喷血，救灭了火。妙庄王以为她是妖怪，下令将妙善绞杀。其幽灵遍游地狱，发愿普救众生。阎罗王怕她把地狱毁坏，便让其还魂归阳。于是，妙善在太白金星指引下，在惠州澄心县香山寺苦修九年，终于现观世音化身。这时，妙庄王因为毁佛而患重病，妙善化为老和尚，施以良药。后来又化为香仙人，施以手、眼和药。从此，她就成为千手千眼观音被供养。"《观音得道宝卷》中也有类似的记载。后来她的故事被改编成传奇（明·罗懋登《香山记》）、戏剧（《妙善出家》及《白雀寺》，另有《大香山》）在民间广为流传。

这组影塑，连环画式的故事情节由出家、火烧寺庙、游地府、还魂、香山寺苦修、得道等几个情节构成。山川云雨、花草竹木、仙山琼阁、人物兵马、阴曹地府、阎罗鬼卒，用高浮雕的方式塑于壁上，然后对不同的人物、背景分别着色，布局严谨，主题突出。

报恩寺的立体彩塑采用中国传统的泥塑技法，即木骨泥胎。首先是用木料搭样制作骨架，然后在木骨架上绑扎谷草或棕、麻，根据塑像的姿势、部位而用量有多有少。再用黄土、棉花、麻丝或头发混合物塑成大样。棉花、麻丝、头发和泥后，既可以增加塑像的结构强度，也可以使塑像不易开裂。待大样稍干后，再用细泥进行表层的泥塑，趁胎泥未干之际用提、贴、压、削、刻等手段，对塑像进行简明的形体雕塑，肌肉的健壮、飘带的动感，基本就在这一环节要表现出来。最后再用点、染、塑、涂、刷、摩绘等方法对塑像进行着色。不同的形象，在雕塑和着色时要体现其个性特征，同时注重质感和造像神韵。如寺内所有的菩萨塑像，比例也符合人体解剖学的标准，有的娇柔窈窕，有的端庄慈祥，有的怡然自得，而且通过贴、压、刻等技法，表现出肌肉的质感：丰满细腻，并富有弹

性；衣带的舒展，纹条的流畅，大有微风轻飏之感。

塑像的泥的主要成分是白灰和白膏泥。报恩寺泥塑色彩，均为矿物颜料，有朱砂、黄丹、石绿、天蓝、茄皮紫等。由于雕塑材料搭配合理，雕琢精细，报恩寺的泥塑经受了历史上多次大地震的考验，无一出现裂痕和剥落的现象。

须弥座的束腰、上枋、下枋均用木板，于木板上着黄土、棉花、麻丝或头发混合物，然后着泥，再进行雕刻、着色。

需要注意的是，寺内的彩塑受宋代以来日趋世俗化的影响，佛祖、菩萨、童子等造型日趋与老百姓接近，其造型都为世俗所喜闻乐见的形象，如佛祖的庄严祥和，菩萨的温和妩媚，阿难的朴实谦顺，迦叶的沉着认真，天王的威武强壮，力士的凶猛刚强，供养人的恭敬虔诚等，或许正是以此来吸引僧众和世俗的善男信女。对人物的刻画上也是抓住其主要特点，如对迦叶刻画，则是通过其满脸的皱纹、颈项间的筋骨、稀疏的牙齿，刻画出一个历经千难万苦的年长僧人形象。

此外，报恩寺地处我国少数民族聚居地区，建造者又为当地的土官。因此这座藏于深山的佛寺或多或少带有当地本土习俗的痕迹，这些痕迹主要表现为藏传佛教的痕迹，如佛像的造型、背屏的装饰等。

参 考 书 目

李先逵：《深山名刹平武报恩寺》，《古建园林技术》1994 年第 2 期。

苏洪礼：《石雕佳作——报恩寺石香炉》，《四川文物》2000 年第 6 期。

庄裕光：《报恩寺求索》，《华中建筑》1995 年 4 期。

附录　报恩寺碑文

敕修大报恩寺碑铭

敕修大报恩寺之记

敕修大报恩寺继葺碑铭

敕修大报恩寺功德之记

九重天命

万乘皇恩碑

报恩十景碑

大钟铭文

小钟铭文

南经幢铭文

北经幢铭文

补修佛像功德碑记

范公遗爱

告示碑

天殿常住碑

广种福田

常住碑记

解氏舍田地

功德碑

常住碑记

敕修大报恩寺碑铭

「物之大者莫过于天地惟圣人之心方能包括焉是故日月星辰天之文章也春夏秋冬天之刑赏也风雨霜露之交相寒暑草木鸟兽之荣瘁生育举不能出于方寸之表自吾宣圣参乎两间其道甚尊其教易行所以集群圣之大成无有儗伦」「之者厥后西方有大圣人者名曰佛其道尚清净寂灭以明心见性为宗旨以谈空人定为阃奥说三百五十会之妙法运八万四千座之浮图而西乾诸国推为世尊其名号之大槩可知矣及乎东汉明帝梦金人长丈余其教遂骎□遍于中国中」「国沙弥于名山胜地建立寺宇以奉供之若精舍招堤宝坊金刹丛林梵宫庵院之类名虽不一而所以事之者同一诚也故后世称颂佛者谓天地之至大不足以等佛之法身谓日月之至明不足以儗佛之毫相谓尘沙之至广不足以数」「佛之功德噫诚若斯言刚佛之方寸包括天地而无外矣其信也歟其勿信也歟龙阳旧治青川洪武中徙今乐平古有观音院在今寺之南规制湫隘无以容众土官金事王玺思无补报欲大创寺宇保障遐方乃与土僧正知叶同开山遂请于」「朝皇上允之」「纶音既下卜其美地水环以流山拱而秀抡材鸠工伐石陶甓经始于正统庚申龙人之趋事赴功者罔敢或后越七禩而告成殿宇深峻阶墀轩敞殿之前则有天王殿三桥山门二狮二幢钟楼而极其华美殿之后则有七佛楼二亭戒台龙神祖」「师之堂而极其壮丽殿之东西峙以大殿轮藏殿而翼以廊庑楼之后则环以方丈僧寮斋厨库舍悉完整清洁其妆塑点染雕琢藻绘黝垩丹漆金碧琉璃争光照耀炳焕夺目盖巍巍乎其不可及也于以祝延」「圣寿于以护国保民非特为美观而已乃走书京师谒余为铭将勒诸石以传示永久夫有绝伦之才器斯能成莫大之事业有莫大之事业斯能获无量之功德故作之于昭昭之际而报之于冥冥之中矧佛圣之心以慈悲为本人有纤芥之」「善颠罔不俾之如意初不计其此其智愚贤不肖而咸囿于化化之天今王公才器如此其高事业如此大功德如此其广佛圣之心当何如哉其报施之效必显于后裔而垂裕于无穷也铭曰」「龙城之内地平以丰一水萦带四山穹窿开基创寺坐西面东伊谁檀越金抚王公奏于」「帝延」「帝曰准从敕赐寺额永示褒崇危楼大殿法门有容祝」「延圣寿普化愚蒙祥云绚采慧日当空资费无筹福德在躬有僧正知赞襄同功阐明三学振扬宗风我铭贞石传之无穷」

「大明正统十一年岁次丙寅春三月上澣」
「赐进士出身翰林院检讨斧川李本　撰」
「儒士吉永黎延书丹并篆盖是岁冬十一月吉旦立石」

敕修大报恩寺之记

「忠君爱国人臣之本心也建寺奉佛人心之至善也然势有可为而不为理不可为

而为之均之不得为忠君爱国不忠君爱国必孤君恩而罔之所报则福亦何至生哉余尝伏读」「御制大诰有云民知报获福良有以夫龙州宣抚司土官佥事王公玺字延璋以明敏之资绍箕裘之业自」「皇明奄有六合厥曾祖讳祥效忠归附拜本州判官护守兹土享有爵秩延及子孙」「恩至渥也宣德间西戎犯边公率民兵策应累著奇功」「朝廷陞州为宣抚司遂阶今职心虽一饭不忘未有明著其验以昭示于人人者故以势之可为惟建寺以祝延」「圣寿为允当又惧拂乎理而为之则亦非所宜也爰具始末请之于朝」「圣天子念其土官特」「允所请而不为例岂非延璋忠君爱国之心有以感动」「帝心而致然欤寺既落成乃走书」「京师征余为记夫忠爱之诚出于天性之自然不以地之偏正而有异不以人之贤愚而或殊然所以不能忠爱者以其溺于人欲之私而昧乎固有之善天理民彝由是泯没其不混于非类者哉希或者诘余曰佛本西」「方圣人自东汉永平间始流入中国厥后蔓延派衍弥漫天下上而王公贵人以及黎庶罔不敬信其道而事之若君王父母然传其教者必剪发剃须往往外君王父母而日方外上人是安能尊君亲上有益于忠爱者」「哉余曰不然天竺身毒舍卫诸国俱有城廓君民其法度教令亦必奖忠孝而禁悖逆且佛即是心心动则觉以此觉彼彼自觉之觉之不已则十百千万兆之众同乎此觉是以方寸之中虚灵洞徹而万虑屏息绝无」「纤尘之翳放之则弥六合卷之则退藏于密人而知此则于忠君爱国乎何有今土官佥事王公真知灼见创寺而皈依像教焉所以祈」「国永宁而祝」「延圣寿于无疆也殆见子子孙孙钟奇毓秀绳其祖武获福流庆食报于未艾也或者唯唯而退遂书以为记俾勒诸坚珉用传不朽云若乎殿宇之崇卑深广则具梓人之书余不伸喙」

「大明正统十一年龙集丙寅春三月之吉」

「赐进士及第翰林院编修长宁周洪谟述」

「儒士吉水黎延书丹并篆盖是岁冬十一月吉日立石」

敕修大报恩寺继葺碑铭

「赐进士奉议大夫礼部郎中安岳孙茂撰文」

「赐进士前翰林院庶吉士行□司行人仁和张宣篆盖」

「赐进士承德郎户部主事成都桂□书丹」

「德及于人者必生继述之贤孝存乎已者必以继述为事此天理为有在而人道之不泯也然作之于前固有其人而述之于后匪得其人则德日损孝弗彰求之细微之」「事且不足徵况宝坊之大而能修缉者哉必也拔翠群伦超迈庸辈念先人克艰创造之勤踵昔日已为未为之志俾德之于人者日益盛孝之存于己者日益纯则名实」「相孚前后一辙揆其可以克当此者余于龙州宣抚司土官佥事王公桥梓足徵矣公名鉴字景

昭尝从晋阳鲁宗勉先生游讲群书子史及居官为政体要其先君子讳」「玺字延璋世
守兹土才雄志大德政俱优其信向佛道出于天性知佛法慈悲普化颛蒙而謷残暴其五
戒十善可以辅行」「王化可以祝延」「圣寿但未有壮丽梵刹以兴像教而启昏昧使
一州之人所无信向靡沾佛道之利益因旧有大藏全文一部无所收贮乃以已之园地一
区深广如度遂与土僧正知具本以」「闻时廷臣以例执之」「皇上嘉其土官能以保
障遐方祝延」「圣寿为请故不为例而」「允之既奉」「敕旨爰竭赀产鸠工积材出心
修造正知及普恩海祥赞襄其事始创于正统庚申落成于丙寅之岁正殿绘十二圆觉殿
后塑观音大士两庑绘释氏源流并圣僧罗汉左右二」「殿有大悲千手观音圣像华严
十会转轮宝藏七佛诸天楼阁祖师龙神之堂前殿天王山门明王金刚」「圣旨赐额二
亭三桥二幢二狮钟楼戒台方丈禅室库舍斋厨无所不备金碧辉蜚琉璃光耀使荒芜之
地化为宝坊自州之开设未尝有也功德仅完公遽即世今景昭既袭其」「荫即以继述
为事工之未备者咸为修葺其七佛圣像藏经函具钟鼓法磬器用之类悉造塑铸饰思其
先人之功德遂肖其遗像于后堂颜其楣曰檀越以著终身之慕而」「朝钟暮鼓梵□飞
扬祝」「延圣寿宁有既乎夫以延璋作之于前景昭述之于后父子之心同归一揆所谓
趾美克肖肯堂肯构信不诬也非德之及人孝之存已能如是乎况景昭之季父廷玉积善
植德二」「弟钺铨俱输粟冠带孙枝尤盛其德及后人又可徵矣景昭以人」「觐留京
谒余寓舍备道其详且干为铭谊不可辞为之铭曰」

「王氏先世其德难名及乎延璋积善尤增创造寺宇奏于」「帝廷危楼大殿金碧辉
明勤力七载功德完成未几即世景昭继承补其未备笃信力行芝兰拥砌槐阴满庭慈悲
利益德荫后人永垂千古」「著乎斯铭」

「天顺四年岁次庚辰春二月初吉」

「辛巳岁冬十月良旦立石」

「龙州宣抚司土官佥事王鉴」

　　　　　　　　　　　　「叔王璧　弟王钺　王　钥　男王瀚」

敕修大报恩寺功德之记

「赐进士奉议大夫刑部朗中叙南李宽撰」

「四川布政司右参议江夏王彦成篆盖」

「蜀府纪善迪功郎吉水黎纮拜□书丹」

「天道之福于人者在乎作善善心之感于人者在乎立诚盖诚者作善之本而善者
感人之本以善感人人心自化则大功德由斯而著大福田由是而广其福祚」「之来自
有不容已者故曰天道无亲常与善人此之谓也大雄氏之道广大无极此感彼应普利有

情约而言之善之一字而已自其教人中国禅宗寝盛三尺童」「子皆知其慈悲利益故可以化冥顽抑强梗羽翼乎」「帝王无为之治然非有宏大寺宇以兴像教则人无所瞻仰而向善之心或几乎息泯天下郡邑名山胜地往往皆有寺院庵塔无非欲人向善大作功德广种福田俾」「人人皆兴起其向善之心而悖逆作慝者渺矣先龙州宣抚司土官佥事王玺廷璋发心修造梵刹奏于」「帝廷经营七载始克完成其大殿危楼廊庑僧舍轮奂一新金碧交辉琉璃争耀若地涌灵鹫天降兜率西山之外见此宝坊诚为一大功德也龙人瞻仰莫不啧啧称」「叹是非善心开明欲种福田兆之于此者乎其致政土官宣抚司薛忠义暨今宣抚薛公辅副使李爵等谓兹殿宇完整未有佛像吾与若各捐已资妆塑正殿大佛」「三尊百夫长薛忠信同男薛志冕装圣父圣母舍人薛忠恩装千手大悲观音是亦大功德也副使李爵复捨山地四亩以为常住其余贵游宦达士民商贾各捐资」「妆塑有差不可枚举」

「是非善心昭著广种福田验之于此者乎佥事王鉴景昭思先君子所作功德薛李诸公所种福田不可湮没因人」「觐京师徵余记其事将归而刻石以彰阐善以启后人辞之不获乃告曰昔者迦文出世亦有给孤施园祇陀施树以为精舍而优陀延王最初造像遂成三百余尊」「大阐空法以流圣教其给孤祇陀优陀延王之功德历千万年而尚存也今薛公忠义等种此福田真若灵山一会俨然未散也然非王公廷璋造寺于前有感其」「善心则亦莫能兴起以趋于佛日之中无获成就此大功德也将见种此得彼传之后裔沐」「天恩享天爵绵延流庆当与佛海之波同流而不尽也是为记」

「天顺四年岁次庚辰春二月初吉辛巳岁冬十月良旦立石」

「龙州宣抚司宣抚薛公辅荫嗣薛永隆副使李爵荫嗣李胤实佥事王鉴荫嗣王瀚经历区成随司办事长官薛忠翊」

「把事王思聪杨子文岳海管工人任□王□任进通康兴永李福结赵才之知事康进忠阴阳正术任凤」

「缯纲司都纲惠凯副都纲智钦开山住持土僧正知」

「匠人卢禹严普灯朱福何济文敏洪实曾伯□王福」

「儒学教授井源训导何玘义官李胤宽王铖王钥冯和驿丞仵彦章」

「匠人郭鼎赵志忠李子贵贾大隆龚先雍文书强林雍文谅易永进蒲景安强永林」

九重天命

奉「圣旨既是土官不为例准他这遭钦此钦遵修理报」「恩寺壹所转轮藏壹座完备安放藏经祝延」「圣寿具本谢」「恩外」

「大明正统拾壹年拾壹月吉旦土官佥事王玺建立」

万乘皇恩碑

「敕赐古刹道场额名壹拾肆处钦此钦遵外」「天宁寺华严寺石马寺长惠寺巴潼寺常乐寺石室寺」「观音院龙归寺东皋寺广福寺罗汉院旧州寺大荫寺」

「大明正统拾壹年拾壹月吉旦土官金事王玺建立」

报恩十景碑

「报恩宝坊十景诗序」

「建莫大之功著不朽之蹟者此非常」「之人也有非常之人必能为非常之事能为非常之事必有非常之功之蹟昭著乎天地之间显于当时」「贻诸后世愈久而愈彰也苟无善念存于中善行著于外曷能建是莫」「大之功著是莫」「大之迹于悠久哉能建是功蹟于世者龙阳宣抚司前」「金抚王侯实维其人焉侯名玺字廷璋貌异而才优行高而智广崇儒」「奉释凤桓善根且乐施不倦好谋而成一日谓释子正知曰吾受」「命于朝世守斯土与国同休恩至渥也夙夜感戴未遑莫报涓埃维欲」「建修一刹令尔等朝夕祝延」「圣寿以表丹诚古遗藏经而有所安放一举两得不亦可乎正知以手加」「额赞叹未有既而侯值□例朝贡京师乃具本以□文」「皇上可其奏赐敕而归侯遂大捐资修寺一所名曰报恩俾楼阁殿宇」「突兀峥嵘广厦长廊金碧交暎前有三桥二幢狻猊守卫后有碑亭法」「座轮藏大悲与夫禅榻僧房香积之所莫不焕然一新七载而就其功」「德之高赞莫能尽非善念纯诚负非常之才者岂能建是莫大之功以」「传不朽者哉于是荫嗣王侯景昭克绍其志有所未完悉能补葺不宁」「惟是又恐严翁所建之功久而湮没因其宝刹所有立意命名分为十」「景曰二幢凌云以其高耸接云而不可仰也曰三桥石洞以其造作精」「奇而不可泯也狻猊雄镇观其势有可壮也蒲牢晓音听其声有可警」「也以至克栋盈函塑形绘像非轮藏全文香山壁记乎画栋嵯峨龙章」「辉暎又非宝阁冲霄双亭勒石乎遗像凛然此功德王氏之貌凛然有」「可想也报恩胜槩此祝釐梵刹之境槩然有可观也虽然尤虑其斥名」「之未尽复命善诗者揄扬其美欲不坠先君子之志猗欤盛哉于是住」「持正知睹斯善美踊跃懂忻持香币诣予官舍徵文请勒于石以志其」「永久云」

「天顺六年岁次壬午冬十二月八日」

「奉训大夫知绵州事前乡贡进士」

「永嘉金教序」

注：报恩十景诗略。

大钟铭文

「造钟疏语」

「恭维兴作之道必本乎」「太平之盛时」「大明宣德十年」「龙州宣抚司」「金事王玺切念自」「洪武开」「国以来父祖相承世」「享天爵于龙阳切思无」「无任而补报乃立心」「奏」「闻准建大报」「恩寺为祝延」「圣寿宝地然无制」「治之」「隆盛则不能无兴作」「之从容以光」「圣治之广运盖曰有」「是化而有是应矣尝」「闻」「天德自上而降地以是」「德而伸天覆地载非」「器不鸣迓于正统乙」「丑岁梵刹将完无名」「物以振远公之禅惧」「白马寺成真个是」「达摩之境界是以」「宝地名器非良师」「以难成故兹敦邀」「金府之师忽迩蒲」「牢之成就」「韩子有云善鸣者」「必得金器而振之」「此所为钟者若悬」「于景阳之上则能」「使百官肃正于丹」「墀之内若振于梵」「王之静界唤醒多」「少之禅心愿愿昭「明肃清万世谨题」

「大明正统拾壹年岁」「次丙寅正月吉旦晋」「阳鲁斋宗勉迹」

「同僚官宣抚司致仕宣抚薛忠义」「宣抚薛公辅」「副使李爵」

「修造信官」「龙州宣抚司金事」「王玺一家善眷」「母周氏安人」「室曹氏安人」「蔡氏安人有子二」「人王鉴室薛氏王铖」「次室田氏有子一人王钥」「贾氏」「弟王壁室薛氏」「养男刘永清王氏」「史应隆王氏」「住持土僧正知」「铸匠谢谏李先冯海李松祖冯永清朱伯先」「管事人周友富冯清李文刚任思贤王纪任思和彭祥李福原杨荣山康兴永」「党锦忠张永清蹇俊李进永」「杨计祖任立李仲贤」

「刊字人杨进昭」

「钟磬云板共重壹万斤」

小钟铭文

「佛日增辉法轮常转」

「皇图巩固帝道遐昌」

「龙州宣抚司忠义侯景昭念惟大报恩寺乃其先君廷璋请奏奉敕建乃祝圣寿并于兹有年寺旧铸铜铁钟三口晨昏若击音弗大振兹特虑诚捐资倡导募得重铸造洪钟一口凡五千斤炉□□本□属予铭勒铸于上以纪其事并为之铭曰圣教化人夷众聿彰鸣钟警众遐迩孔章尊者先君金抚龙阳上疏请敕肇建宝坊以厘锡福镇靖遐荒广铸法乐务聤储祥贤嗣继述殚厥忠良重集祥金博施孔方金刚藏倒容成侯忙营就大器应穹鸣霜岑楼高揭巍巍堂堂鲸音吼啸蚁梦醒将檀那长福兰若增光愿祝圣寿地久天长边尘肃靖民物阜康我作铭诗永振上方」

「大明成化八年岁次壬辰秋七月之吉」

「乡贡进士龙州宣抚司儒学训导廷南陆铭识书丹生员王章」

「龙州宣抚司金事王鉴室朱氏安人母蔡氏安人伯母贞节任氏男王伦王广王维叔王壁弟义官王铖王钥侄王渤王溥龙州宣抚司宣抚薛绍勋副使李胤实义官李胤宽李胤宏百夫长薛志冕」

「舍人薛志春薛公铭薛志成薛志隆鲁明宗薛志海薛志业薛志辅李系宁薛永辉雷济生王统王靖薛志清田俊康业永」

「成都右南舍人朱帛朱靖」

「僧纲司都纲惠睦国子监生杜晟」

「成都商人刘天林王浩王汉儒学生员刘俊李景辉李本德鲁林善士刘芳王海母志平张俊宋端翟志千任本道」

「开山住持正知额住持觉性智奎领献僧智玄智行智惠智奎惠林惠忠智能惠晶智曜惠忻惠觉惠启惠曾海坚允月海和海月惠月」

「董工人任进通冯骥酒朝甫文明杨荣山何希仇仲贤邓思降杜茂匠人范兴善刊字人白敬美」

「赞曰昔我先君诚孝忠勤爱陈疏请开创祇园圣明垂允赐额报恩庸铸钟罄逸响久闻警彼迷聩盍种善根维予小子叨荫世勋仰承先君能永著存洪钟载铸以衍庆源载扣载击深省晨昏悠扬远韵光振山门祝延圣寿保□谷元惠日增辉福我子孙绍述三槐以应慈尊」

「大明成化八年岁在壬辰秋七月中浣之吉」

「龙州宣抚司土官金事太原王鉴拜赞」

南经幢铭文

「唵大佛顶尊胜陀罗尼幢」

「南无薄伽筏帝怛赖路枳耶钵啰底尾始瑟吒耶没驮耶薄伽筏」「帝怛你也他唵尾戌驮耶尾戌驮耶娑么娑么三满多缚婆娑娑」「跋啰拿哦帝哦贺喃娑缚婆缚尾秫睇阿鼻诜左睹羚摩素哦多」「缚罗缚左喃阿密嘌多鼻晒□么诃曼怛波乃呵贺啰阿呵贺啰阿」「庆散驮啰尾戌驮耶戌多耶娑婆羯摩尾尾奴佛摩拿哦哦喃尾」「秫睇无瑟尼沙尾惹耶尾秫的娑诃娑啰曷啰显茗散祖你帝莎」「波怛多哦多波哰伽领娑吒波啰宁多波利布啰尼莎波怛他哦」「多迄利多耶地瑟吒喃地瑟耻多摩诃母捺啰缚日啰缚日啰伽耶僧贺」「多喃尾秫帝莎缚缚啰拿波耶突力伽的波力秫帝钵啰底宁筏」「力多耶阿欲秫帝三么耶地瑟耻帝摩宁摩宁摩贺摩宁母宁母宁尾母宁摩帝摩帝摩摩帝摩诃摩帝素摩帝怛达多部多句知」「跋利秫帝尾娑普吒没殿秫帝左耶左耶尾左耶尾左耶娑摩啰」「娑摩莎波莎怛波舍利蓝莎波莎多喃南者迦耶波利秫的娑波哦帝跋利秫帝莎波怛他夜多室者名三摩湿波娑演睹娑」「波恒他夜多三摩

湿波娑地瑟耻帝没侄耶尾冒」「多耶尾冒多耶三满多跋利秝帝莎波怛他夜多迄利多耶地瑟吒喃地」「瑟耻多摩诃母捺□娑婆贺」

「龙州宣抚司世袭土官佥事王玺长子王鉴书丹」

「住持正知拣藏锦城朱福刊字」

「大明正统十一年丙寅二月吉旦建立」

北经幢铭文

「大佛顶尊胜陀罗尼幢」

「广大宝楼阁秘密善住陀罗尼唵莎波但他伽多摩尼舍多你必低社波罗莲摩多睹碣里必摩尼摩尼摩诃但他伽多利么尼莎波诃」

「尔时也尊为诸大众说此陀罗尼有闻者见者读诵者若佩身上若书衣中若置幢上于幢塔影中过者彼等之人不堕六道不入轮回不失人身永住天堂受天快乐衣食自来寿命无穷由斯功德而获如是」

「乌斯藏喇端林传写　赵思进　郎开竹」

补修佛像功德碑记

「本寺之殿宇佛像甲于天下凡远近之人而擔仰者莫不叹观止焉然历年既久因葺」「补修固不得缕为记也而独有出于常情意计之外为世人之大可异者不得不采掇」「以书道光癸未秋大雄宝殿之正中金像一尊倏尔腹内生烟势难遏抑随报知地方文」「武官长新临省视火已炎上当即设法救熄而像已不复如前矣然终莫测其火之从」「何至也巍巍金身有所缺陷岂一时所能就理乎幸有本郡青城宫之大禅师上广下」「昌上广下清适来于兹一见恻然情愿独力修补果尔不待捐助自出丹积买金觅工虔」「心修理费仅三百伍拾余金不阅月而告厥成功则虽不敢上拟前人而已焕然新貌」「夫一绿一粟而种无量福田矧于人所不及料之外而忽出此非常之事且得一二非」「常之人而成此非常之功则其善之大想亦诸佛菩萨之所默为洞鉴者矣爰叙始末」「泐之于石以垂永久云」

「大清道光四年岁次甲申秋七月吉旦住持僧洪应立」

范公遗爱

范公遗爱记

「范公遗爱者其故维何□公名辂字以载湖广郴州桂阳人公少有大志于身心家国天下」「之理罔勿穷究与内外大小之人无不加爱由进士历阶侍御清戎江西抗疏排奸盖欲」「大其所爱以酬平生之志不意事不称心迁註龙州经历职也他人处此未有不变其」「心而为抑欝者。公则优游闲裕视龙州无异郴州惰废举坠讲授掩变之

38

暇于所寓寺前」「左边开修一井以便汲取州人德之无由而名予与公素旧辱爱独深过龙拜公得见此」「井永济之利已验公平生作为之美又见原竖碑阴平整端方不事琢磨若有俟于今日」「之意喜不自胜时有宣抚薛子晋卿副抚李子吉金抚王子枋儒学司教揭子升卢子俸」「各具酒肴致庆请记垂远予亦喜得附名不忌疏庸乃书范公遗爱四大字于上书开井」「之由百小字于下命工镌刻以表公虽在造次颠沛之际终不能忘惠爱斯人之心使自」「今以往大口观碑汲水思公所以加惠者与睹蔽节甘棠思召所以为政者百世如存乃」「若欲知公平生所见之明所养之充所存之正所立之高留心注念无不在乎家国天下」「者当于远咎子范龙州诸集求之予复何言予何人斯口奉」「命整饬松潘等处兵事四川按察司副使广东三江胡沣百钟别号节庵翁也记而书刻者是」「何时口」「大明正德辛巳岁孟夏四月望前五日也从事供成其美者荫舍李周臣王世忠舍人王柯」「舍人薛萱经历耿俏知事康廷风驿丞田举监生薛志嵩王钰赵时中杨时爵刘闰生员」「肖九成李琼王洵王淇门下生李政举刘鑰王希王采赵景林王林王佐王任苏廷善刘」「镗苏泰吴邦袁缙尼祥王明善税廷宝苏春赵伟王杞王怀玉王用才义官苏杲老」「人孟成甫商人李瑞邻僧圆嵩本寺智惠用口口口口口至称口者保王李同知王子翔也」

告示碑

「府正堂杨示」

「报恩古寺朝贺重地」「宵小行窃案几酿巨」「本府垂慈保全非细」「谕尔军民不准盘踞」「闲杂人等禁止游戏」「倘敢故违立拿惩治」「枷示庙门以为儆惧」「自谕之后遵守勿替」

「光绪二十年三月二十八日饬刊寺门」

「县正堂陈示」

「城东古寺厥名报恩二百余年」「自明迄今柱檀椽桷楠木修成」「古香古色宵小生心岁在癸巳」「酿讼公庭由县而府拖累非轻」「府宪仁慈明察如神大局既全」「示复谆谆朝贺重地理宜肃钦」「防微杜渐不准容情违者枷示」「言出法行并谕勒石一体凛遵光绪二十一年五月初一饬刊寺门勿损」

「住持昌顺」

天殿常住碑

「普观吉人为善惟日不足凶人为」「不善亦惟日不足所谓吉也者善之谓也凶也者」「不善之谓也惟我师大千五官虽具手足雕残所谓去其不善以归于善不者惟斯」「人乎所谓舍凶就吉者亦斯人乎考自天启三年跋涉龙城以爻象判吉凶恶」「卜寻生

路上不求资于世味不下缘染於俗情多方曲苦受尽千辛买置常住水」「陆二庄以充本寺为绵远香火之计恐地主生非奸民侵没故具诉投」「本府大爷批赏印炤以给本僧每岁籽粒半为补修供佛半为滋僧日费其馀不」「得混淆内外不得舛错奸棍不得侵渔后世不得湮没故勒之石碑以垂后世」「计开」

「一买强儒原买古一里赵自德赵继芳赵孝东水田共三斗五升□□」「壹计通共价银壹拾柒两盅字重复在外共该荞根壹斗八升正」

「一契价银四两五钱买明赵承芳原买正二里」

「赵尧臣东皋沙田八升每」「承粮三升正」

「一买赵承芳原买古一里王慎王敏下併续买」

「王启聪东皋大盆沟山林一」「段上至山顶下齐沟底左齐蒋家官地龙子湾右齐水井为界通共价银壹」「拾叁两五钱共计荞粮壹斗壹升正」

「一契价银柒两买到正二里薛」「珍之山地坐落双溪石笋山东至蜂岭直下河为界西至白雪岑下河北」「至雍家地为界承粮二斗又同买雍良奇奔仙岭地壹块承粮三升」

「□□拾叁年庚辰季春吉旦功德主宣膳生员王喆敬书」「龙安府知府余置买报恩寺常住焚」

「献戒僧如惠　同徒性王　性」

「推官李　捐资遗业亡师真明亡徒性稳」

「知县张　恩主陈九思熊伟」

「族生员成荣方足成大坐」

「世通判王李」

「僧纲薛如一　海源海纳寂用」

「功德主乡官　王承祖　王启皋本寺教师」

「寂衿师友真元性亮海潮海清」

「如泽海深觉应道或海明」

「侯选王启愚海注道一罗学阳刻」

广种福田

「立出施约□□下八甲马湾三人汪廷富自汪成龙汪成鳌□□同治拾年七月内凭凭中买明杨天」「禄名下马采场山地一契去买价钱四百八十钏二契去买价钱五十钏三契去买价钱壹百陆拾」「钏又买民杨映川名下山地一契去卖价钱叁拾贰仟以上买名四契之业契内界趾指明以及房」「屋地基树木苗圃片瓦木石一并在内身自买之后屡被」「杨天禄强借不还藉地栽卖重索不遂因」「杨天禄复寻栽卖将身

具告在县身年迈妻亡二子均分各居身独立一人迭被杨姓图索重□□」「实系无力承买惨不可言难遭讼累身父子商议甘愿将买明杨姓之业四契价值七百贰拾钏」

「请城约领袖人证将买明四契地土房基寸木寸石身甘澹心一并扫土□与本城」「报恩寺诸佛位前以作焚献之资当时契约字据点交住持经手管业自施之后身汪姓房族子姪」「均不得异言身并不得翻悔倘有异言翻悔誓必佛神不佑更祈施后家门清吉福寿□延恐后无凭特立施约永远为据」

「首证王国道王维泽王光宗」

「族证汪廷顺汪天金汪　乾」

「约甲徐舒张洪连」

「住持慈惠」

「役差肖国潘罗尚福相太」

「同治五年四月初十日立出施约人」

「汪廷富同子汪成龙汪成鳌孙汪盛仁汪成贵立」

「计前四契共成地壹契上齐钓鱼台下齐张姓地为界右齐过街楼梁心左刘□立龙沟为界内有杨姓重卖□木□□□地在界内外有契约中破无用日后僧俗殃殃常住神天鉴察」

「通判　王生源」

「长官司　王光□　王国禄　王光裕阁族等同治□□□正月二十七日　本寺住持方丈　昌浩」

「兄徒孙宗舆同两序大□□」

常住碑记

「龙安府摅陈不念用无常住愬恩赏贴」

「勒碑以杜湮没事报本府报恩寺焚献僧人」

「性福诉称僧幼从禅谨守清规苦积衣钵」

「陆续备价五契通共纹银六十四两四钱买到古二里民王敬祖王奉祖李凯古二里蒋宗政蒋朝绪水田共壹石以充本府报」「恩寺大雄殿永远常住价约书交明白并无货物扶墓亦无债利准折天日可矢神人共鉴弟恐事入湮没更虑僧俗贤愚夺主」「诓骗有负今日片缘僧欲事垂永久策莫善於勒碑幸际」「仁祖当道尧舜泽施俯祈恳准赐赏帖照立碑殿傍将僧买水田开还碑中每年取谷租拾石大麦贰石永充本殿常住造就」「再来福田等情据此蒙」「本府太爷觉看得本府报恩寺焚献僧」

「性福惟教是崇清规素守衣钵置买水田壹石用充本寺大雄殿常住是禅林中」「之翘楚者也相应给帖镌碑以垂永久为此除将文约印照外帖仰本僧续派焚献僧人

查照帖内事理将僧性福置买苟家坝」「水田壹石查照后开欵目遵照每年取谷租拾石大麦贰石永充本寺大雄殿永远焚献香火之用但不许原主日后妄生事端」「亦不许势豪浸隐本寺焚隐者亦不得别项取用违者许执帖赴府陈告以凭按法究处至於应纳条银俱照后开粮数逐年」「赴县上纳亦不许里户人等外行科派俱勿故违未便须至碑者」「计开」「一契用价银叁拾五两买到古三里民王敬祖王俸祖下苟家上中坝坑窝三处水田大小共壹拾贰坵计种五斗每年人认纳条银贰钱」

「一契用价银六两买到王敬祖下苟家坝路边水田大小二坵计种壹斗每年承纳条银肆分」

「一契用价银七两二钱买到古一里民蒋宗政下苟家坝堰下石板边水田大小五坵计种一斗二升每年条银肆分捌」

「一契用价银九两买到古三里民李凯下苟家坝水田二坵计种一斗五升每年承纳条银陆分」

「一契用价银七两二钱买到古一里民蒋朝绪下苟家坝杨柳垠水田大小三坵计种一斗二升每年承纳条银四分八」

「本府司典吏　孙林张志道任朝恩李凤翔李承国赎买常住僧人　性福徒海清海天」

「徒孙□□」

「本寺僧纲真向」

「住持僧　真　源　净修　真远　如轧　寂裙　如凌　□□」

「侄　徒　海　明　海源　海潮　海深」

「石　匠　罗絭明」

「四川吏司郎中右辅党　修吉」

「张文成施银记」

「平武县知县王世泰发心弟子　张文成 因住唑报恩寺数年蒙佛默佑今已年迈无可报答发寸念将自身苦积之银施三十两以作诸佛菩萨殿内焚献香火之资自施之后更祈年或置当田地以为公资勿得私费」

「□□」

「同堂弟　张文魁　张文元」

「住持僧曾　徒　道明　道玉　华清　收存大清乾隆十六年二月初二日吉旦立」

解氏舍田记

「青川所耆老解君舍田记」

「诗云贻厥孙谋以燕翼子今世为子孙谋者莫田业若也或增价以易或争讼以图创

为不拔之基欲图万年子」「子孙孙勿替引之愿斯毕矣孰肯轻于施舍以惠彼僧徒哉□有之者非以粮重而耕稼不敷则因为谋算而兼并矣」「奈要皆不得已也而为之洒若解君则不然君本为图阴地卜宅味坝公子浴麦浪山王氏基上王氏愿以水田」「十三山地一段求售於君君喜而纳焉其交易中证有价数有卷帙旋后王氏背盟为鼠牙雀角之非崇」「府尊郑太公断业归君发心当官愿舍於报恩寺禅僧真诠如海如宇永为常住凿则有龙神鉴照据往愿为」「矢誓明则有官司贴文凭天篆为永命虽以息惯讼于一时实以彰谊闻于百世沙门金曰广种福田给孤长者人之后于解君仅具之义矣哉斯人也其水田五斗旱地二石五斗籍册禩二里其价银二十一两其粮该荞一斗其」「原田主王华王珠王堂兄弟也共喜舍主解廷诰任氏邹氏夫妇也九职九赋三子也其管业僧真诠如海□□师徒也其」「置买在万历六年冬施舍在万历七年秋也是为记次男九寿」

「万历九年辛巳夏五月吉旦建立」

「青川守御所儒学掌教濛泉张文光撰本师无杲」

「大乘妙法莲华经二十部莆田隐士龚以善书丹」

「石匠李应春刻」

常住碑记

「龙安府为祈天给贴鑲碑以垂之久以免奸谋事据僧人道成诉前事案照先据道成靠犯」「人韩吉词称为计笼谋叛事行拘各犯到府蒙」

「本府太爷杜□审得僧人净修原与韩吉久处净修颇有襄资受吉计套银买地合府」「愤其买地文约虽系韩吉名字其价原系净修所出□定之时吉子韩耀祖并奴事事香到寺」「叫净修上墙全逃遂尔跌死其中似有隐情姑不深究净修原买赵良厚等地□□今入本」「寺常住作焚献公用仍刻石垂浚文约九张即付卷常住收管净修原资须岁追拾两」「公用随径发落讫今据近复诉鎯碑赐贴等情合行给贴遵照为此贴仰本寺僧人道成」「等遵照案酾净修买明田土永充本府报恩寺焚献公用照依约载粮数四至租种办纳以」「后不许韩吉及卖主妄生事端如违许僧众执词赴告定行重究不贷须知碑者」「用价二十三两五钱买明赵良厚栢蔺园河柳塔子豆叶园毛山坡地四段约种二石」「壹斗又价七两买明三语水磨一所栢蔺河沙坝子地一分约种六斗照约界分讲」「种通共收糖壹斗陆升」

「本寺僧司僧纲　海源住持僧」

「年六月益秋吉旦立」

「捐资买常住僧人　净修法道　孙徒澧」

「本府知府　杜同知李　推官李　功海立通判」

实 测 图

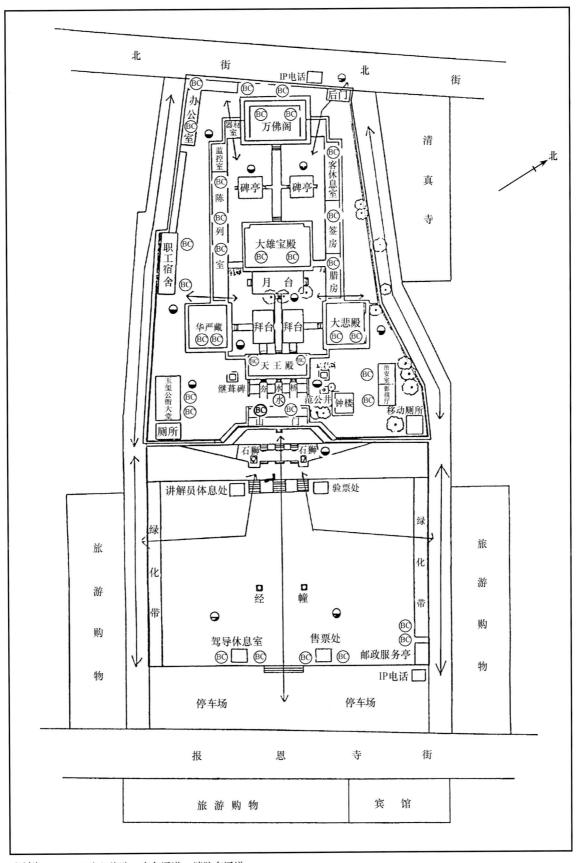

图例： ←→ 出入线路、应急通道、消防车通道
═══ 围墙
◯ 消防栓
ⒷⒸ 干粉灭火机
⦙ 消防蓄水池

— 平武报恩寺总平面图

45

二　平武报恩寺鸟瞰图

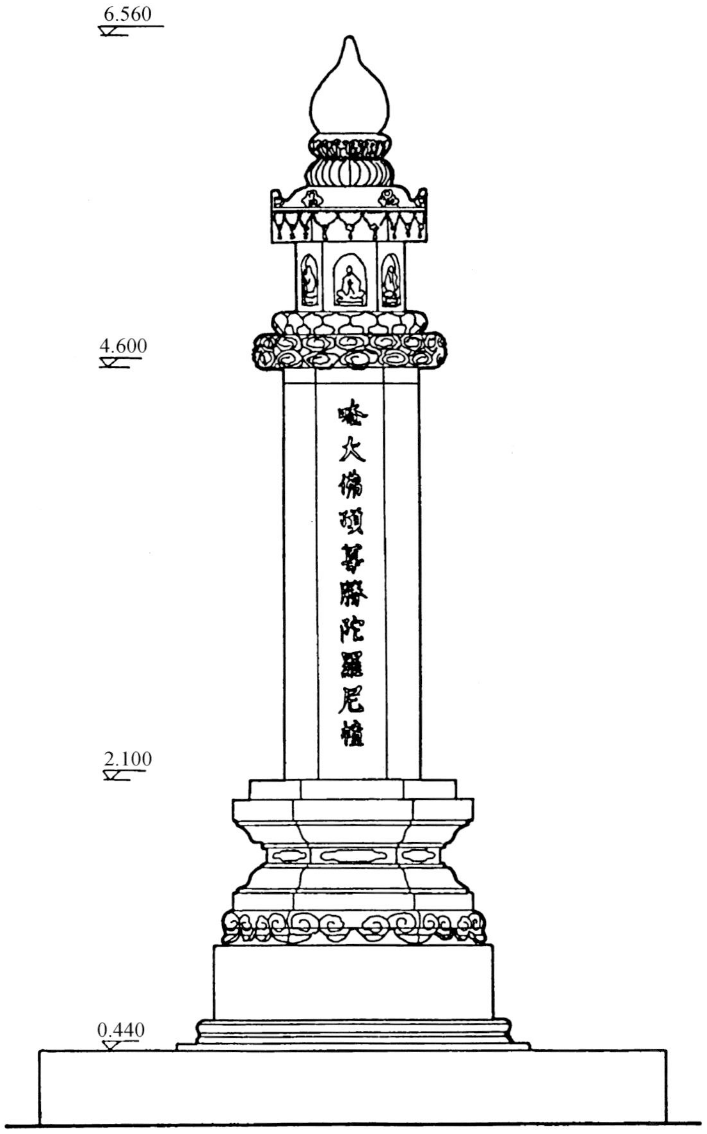

三 经幢与石狻猊

狻猊立面图

2.100

0.340

1米　0

经幢平面图

3500

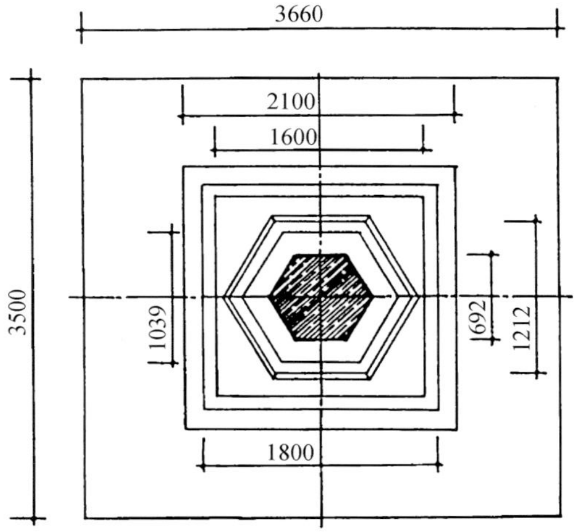

3660

2100
1600
1800

1212
692
1039

1米　0

经幢立面图

6.560

4.600

大佛顶尊胜陀罗尼幢

2.100

0.440

1米　0

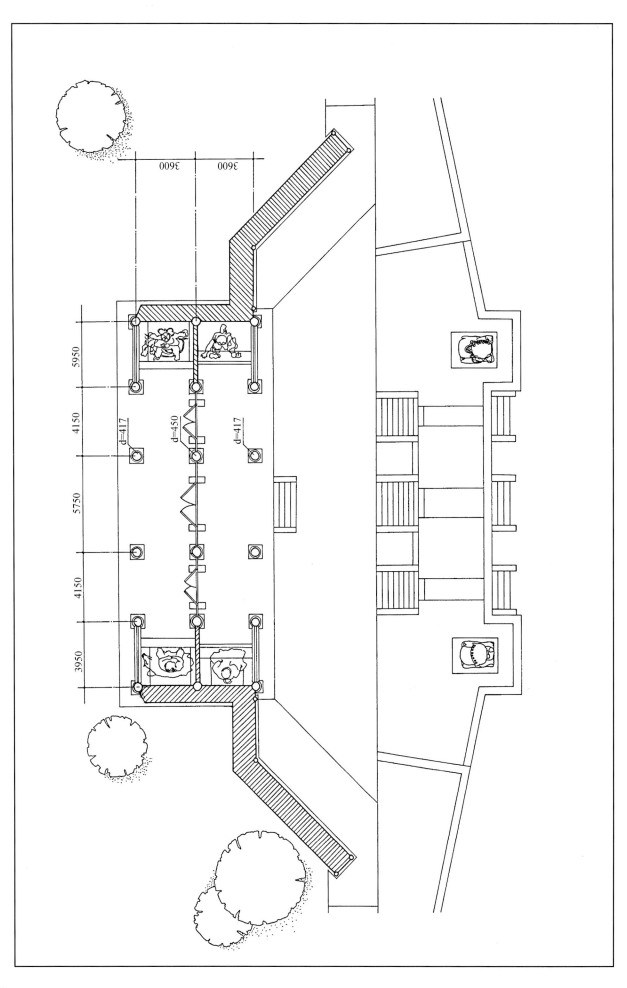

四 山门平面图

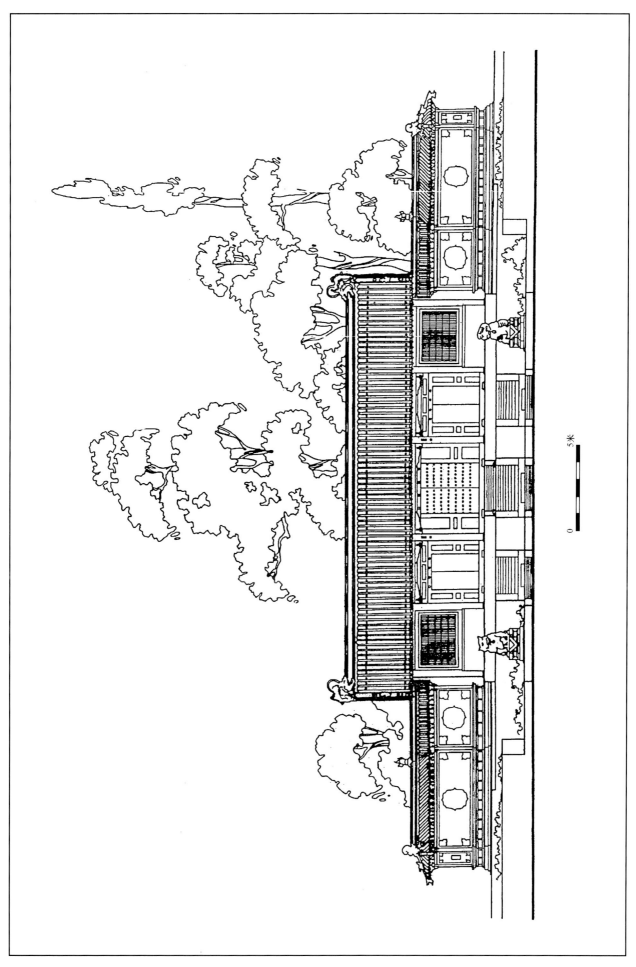

五 山门立面图

0   5米

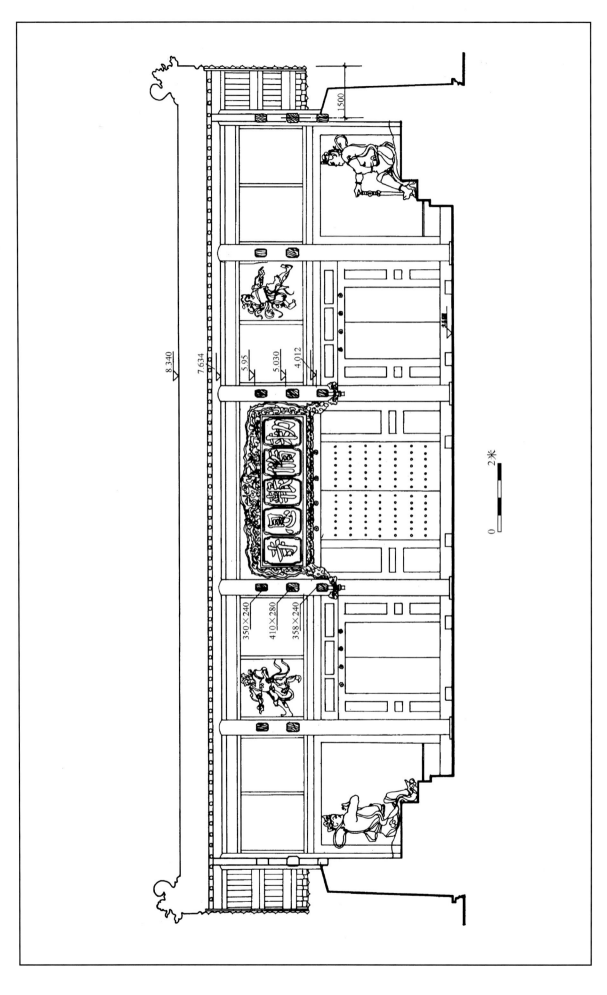

六 山门纵剖面图

0 2米

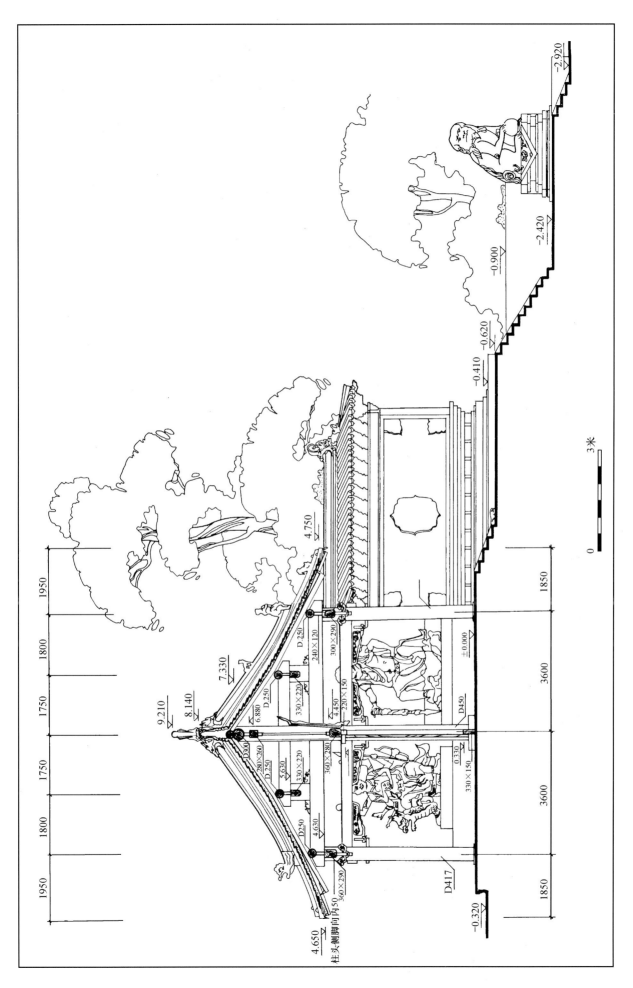

七 山门横剖面图

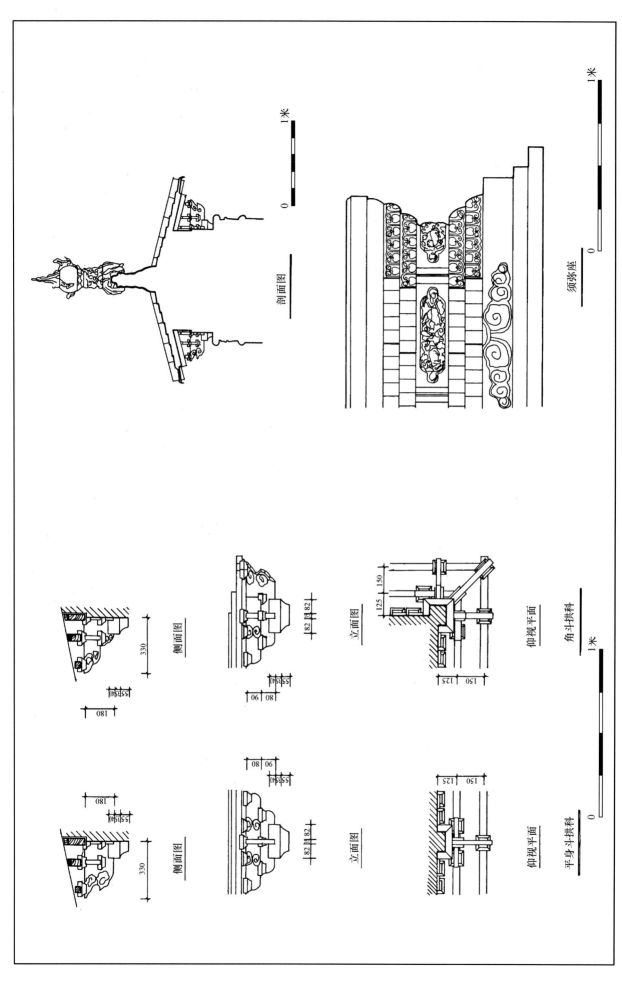

剖面图

1米

0

须弥座

1米

0

侧面图

侧面图

立面图

立面图

角斗拱科

平身斗拱科

仰视平面

仰视平面

八 山门八字墙详图

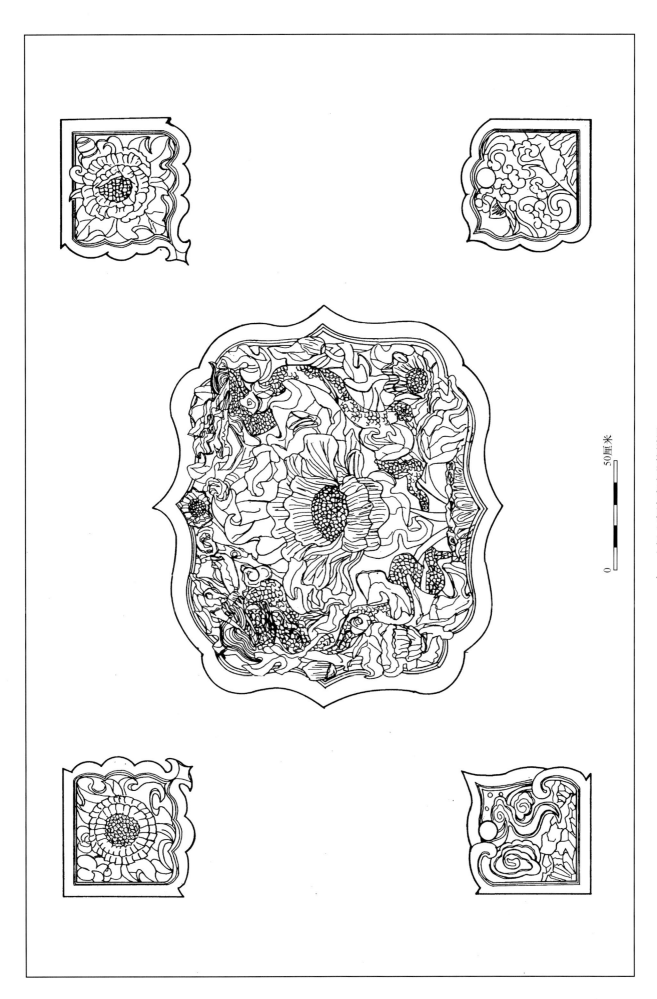

九 山门八字墙琉璃花饰详图

0 ⊢━━━━━━━⊣ 50厘米

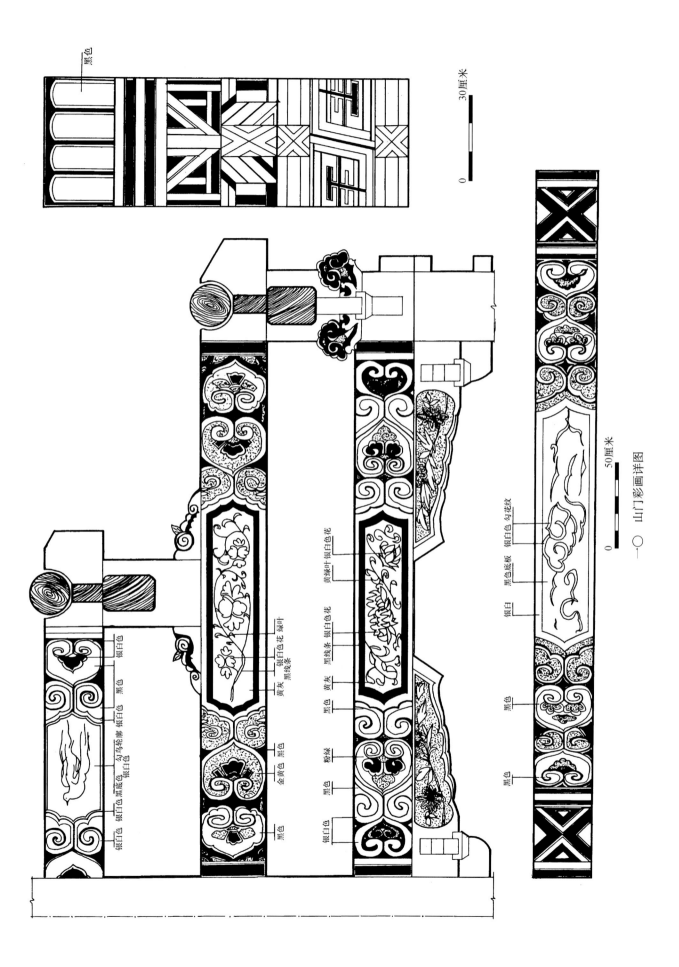

黑色

30厘米

0

银色
银白色 黑色
黑色 勾鸟轮廓 银白色
银白色 黑底色 银白色
银白色 黑色

黑色
金黄色 黑色
银白色

银白色花 绿叶
银线条
黄灰 黑线条

粉绿
黑色
黑色
黄灰
黑线条 银白色花
黄绿叶 银白色花

50厘米

0

—○ 山门彩画详图

银白色 勾花纹
黑色底板
银白 银白色花

黑色

黑色

54

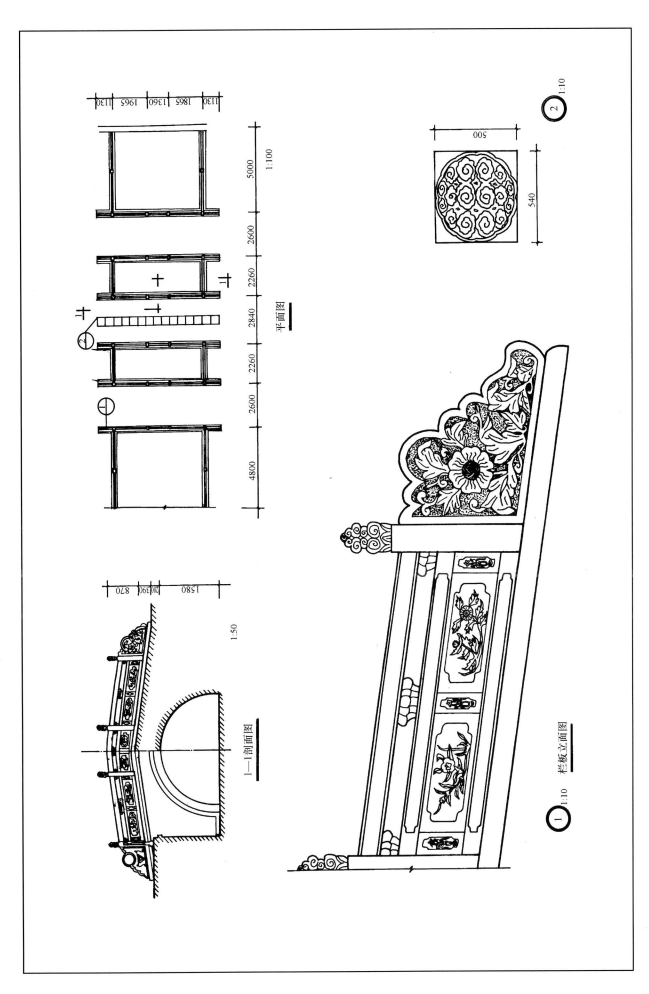

1130 1865 1360 1965 1130

5000

1:100

2600

2260

2840

平面图

2260

2600

4800

500

540

2 1:10

1580 200 390 870

1:50

1—1剖面图

栏板立面图

1 1:10

一一 金水桥平立面图与详图

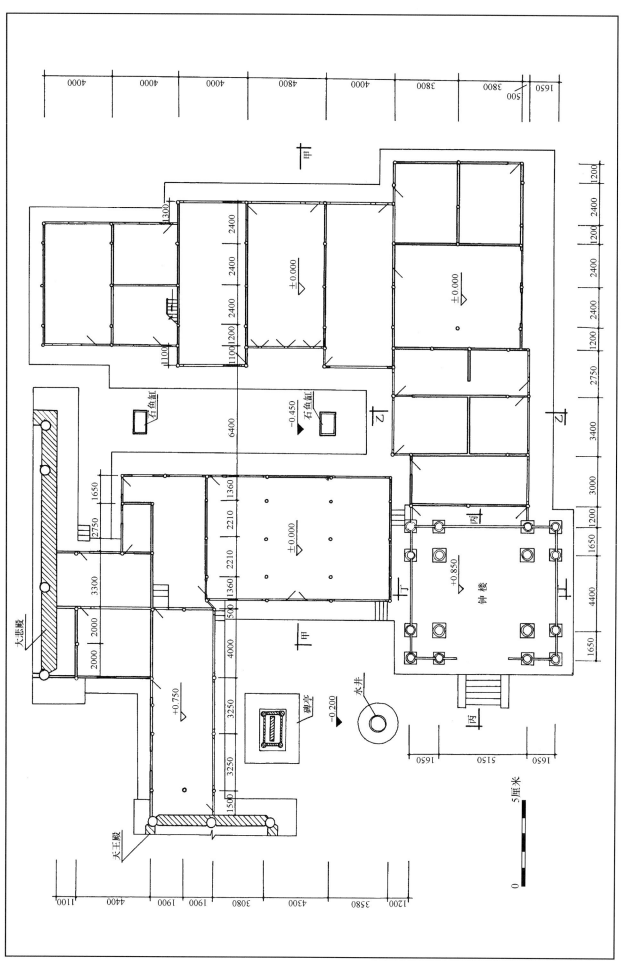

一一 钟楼与僧房底层平面图

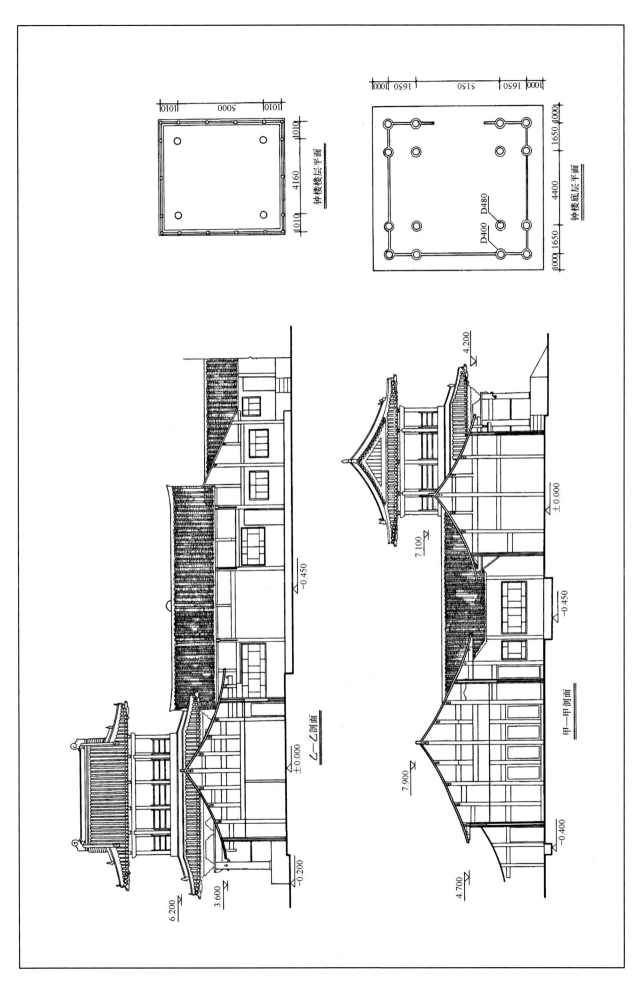

钟楼楼层平面

钟楼底层平面

乙—乙剖面

甲—甲剖面

一三 僧房剖面与钟楼底层平面图

57

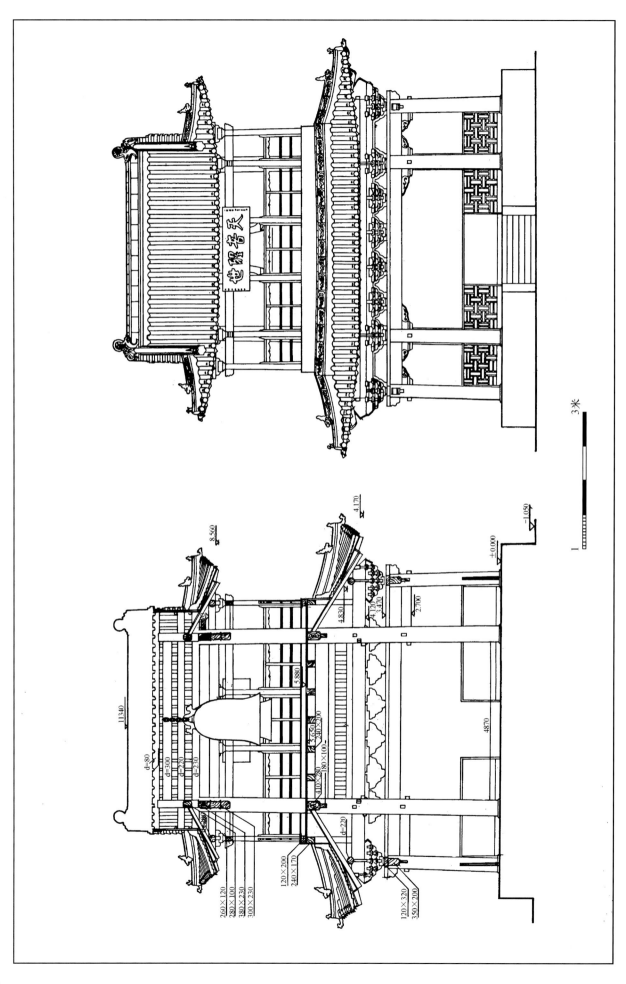

一四 钟楼正立面与纵剖面图

3米

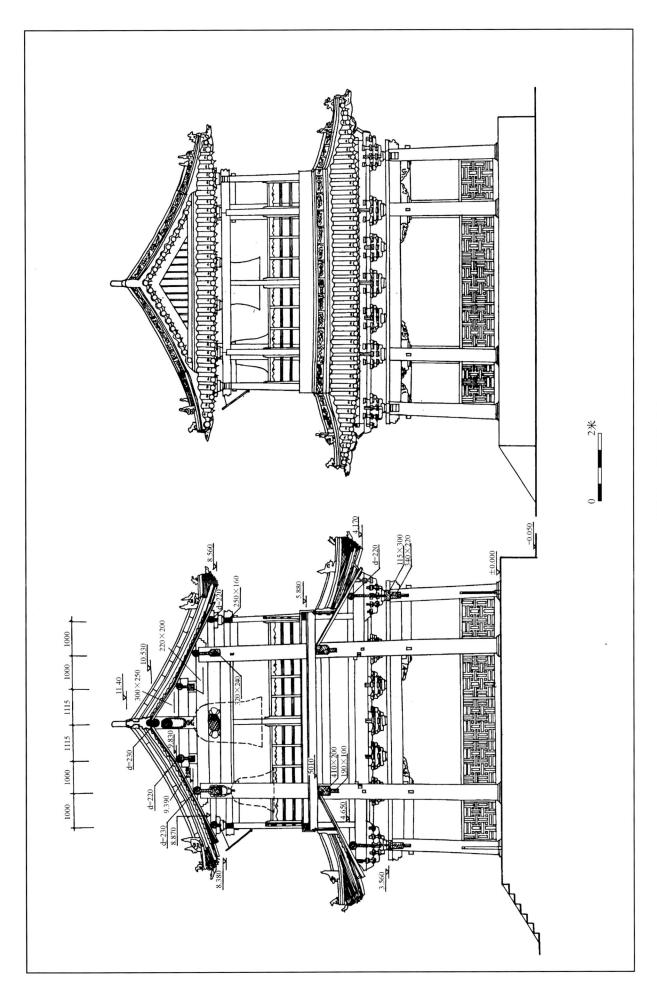

一五　钟楼侧立面与横剖面图

0　　　　　2米

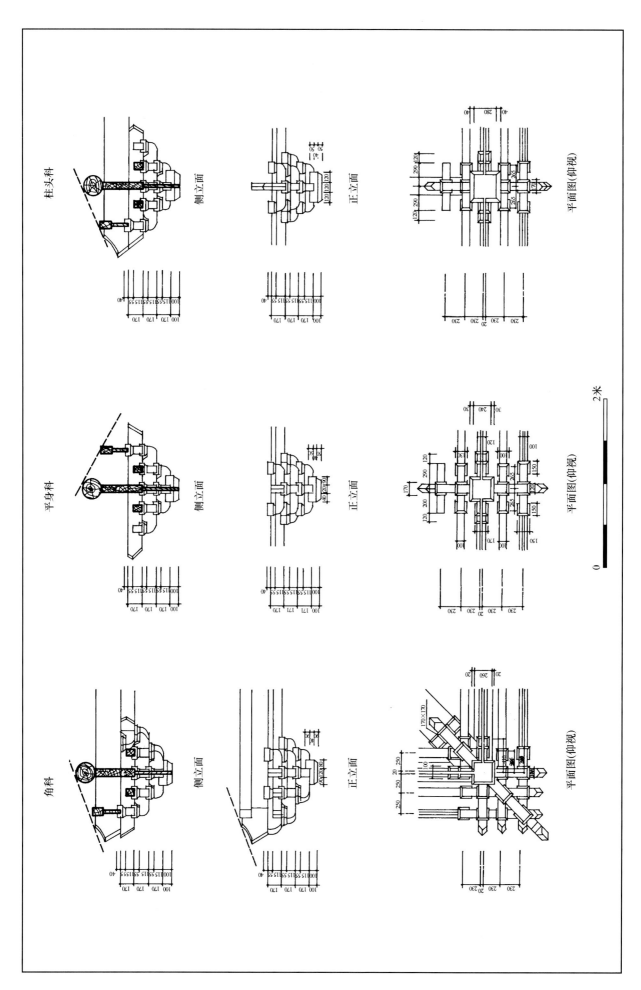

柱头科

侧立面

正立面

平面图(仰视)

平身科

侧立面

正立面

平面图(仰视)

角科

侧立面

正立面

平面图(仰视)

一六　钟楼斗拱详图

一七　天王殿平面与平面仰视图

61

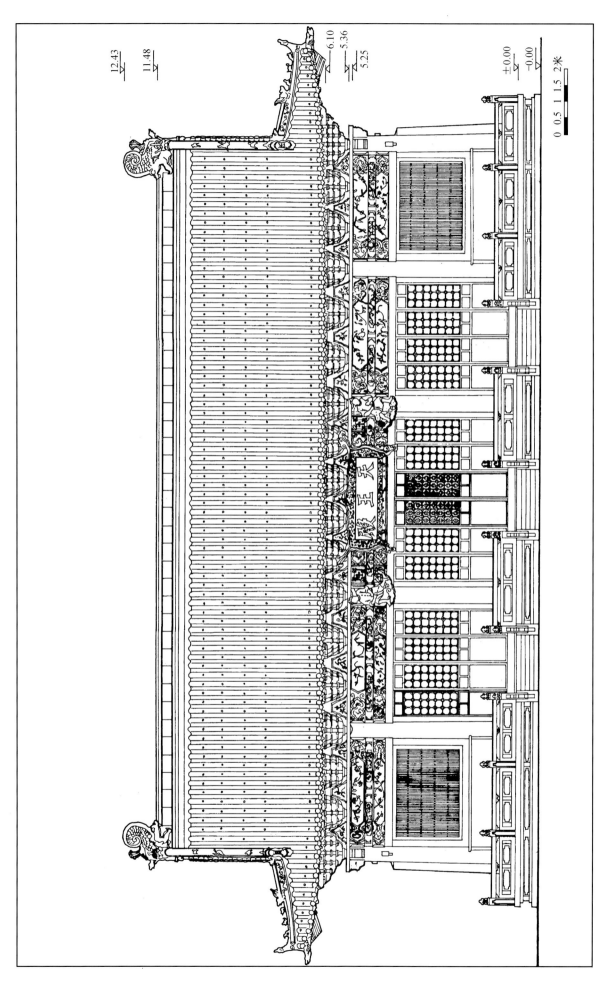

一八　天王殿正立面图

12.43

11.48

6.10

5.36

5.25

±0.00

-0.00

0 0.5 1 1.5 2米

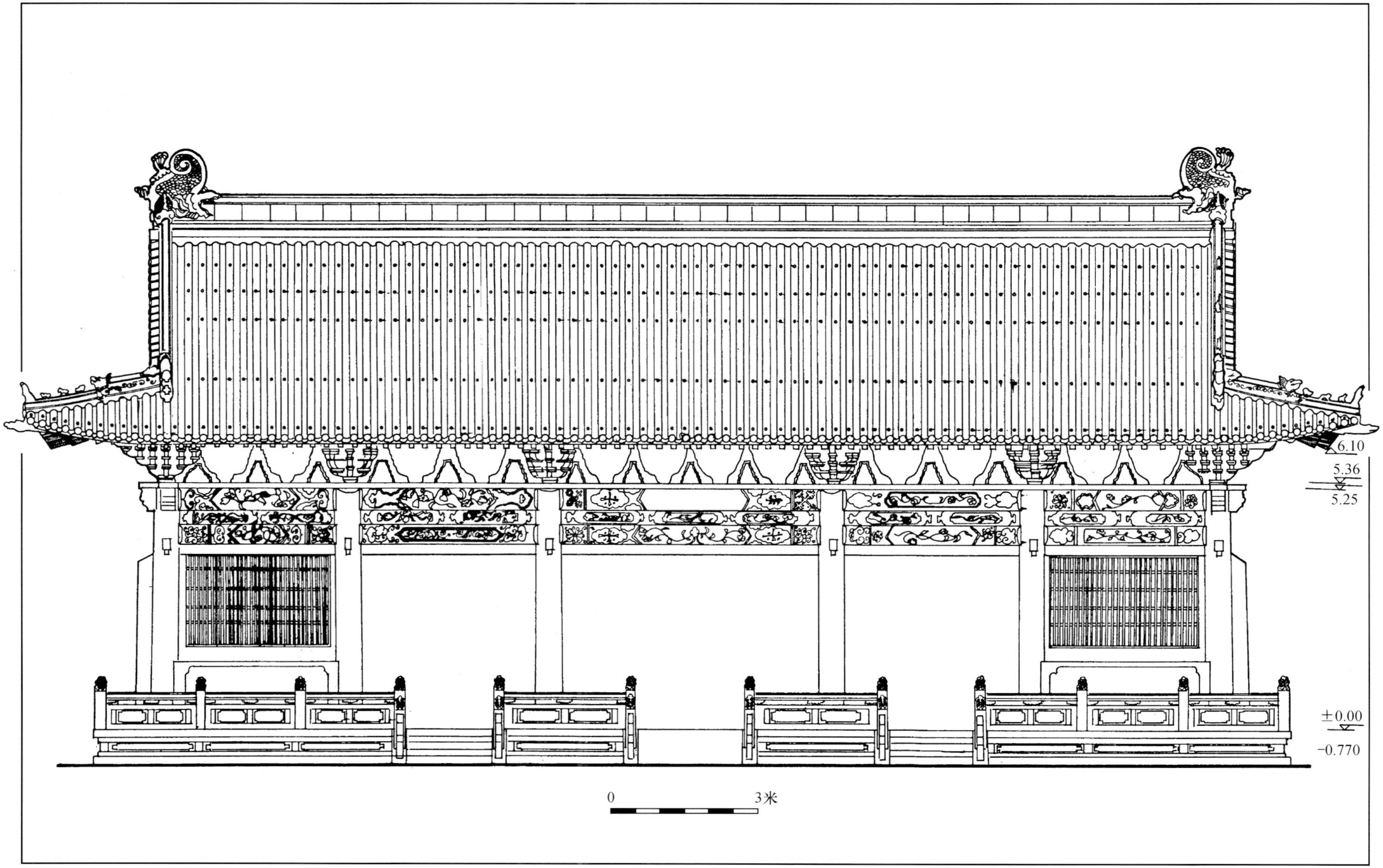

±0.00
-0.770

6.10
5.36
5.25

3米

0

一九　天王殿背立面图

63

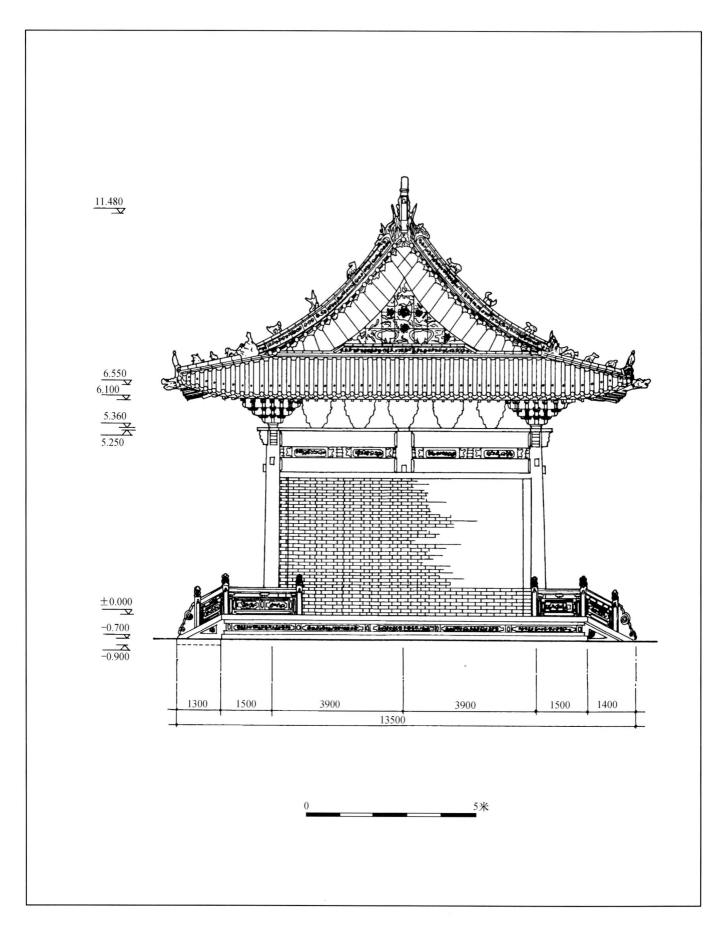

11.480

6.550
6.100

5.360
5.250

±0.000
−0.700
−0.900

1300 1500 3900 3900 1500 1400

13500

0 5米

二〇 天王殿侧立面图

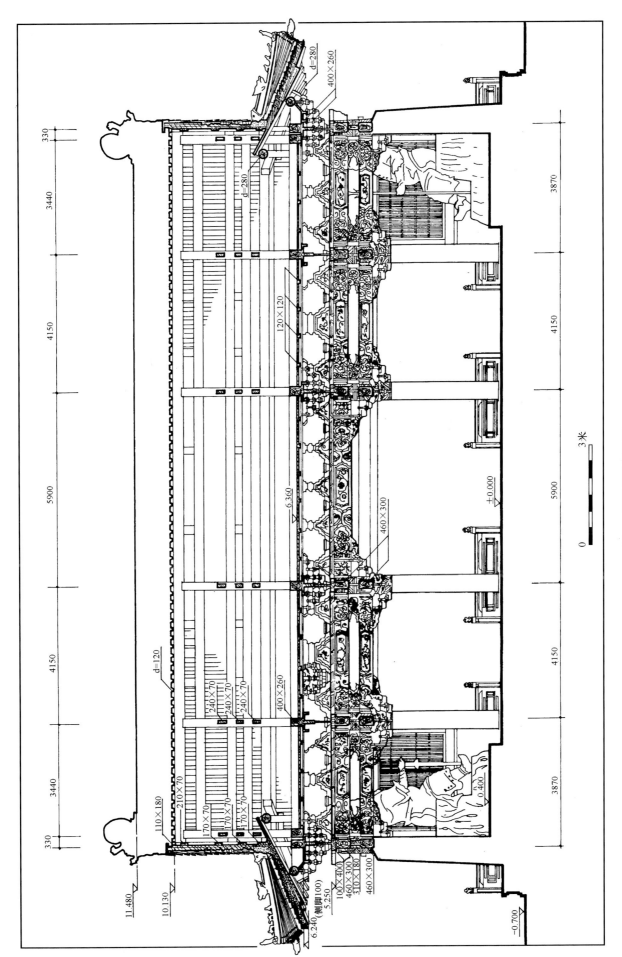

三一　天王殿纵剖面图

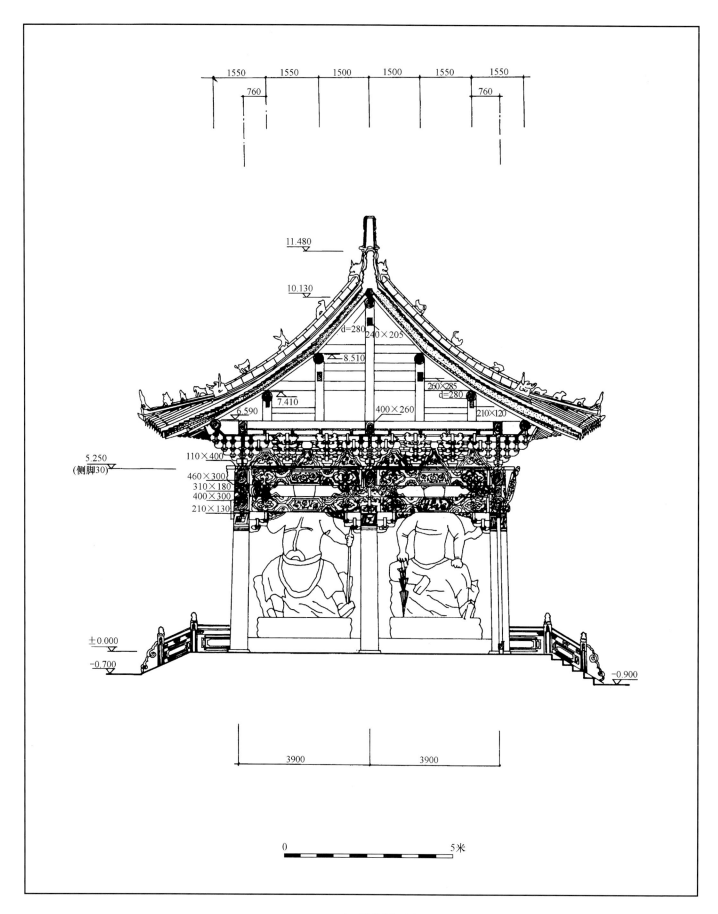

1550　1550　1500　1500　1550　1550

760　　　　　　　　　　760

11.480

10.130

d=280 240×205

8.510

7.410

6.590

260×285
d=280

400×260 210×120

110×400

5.250
(侧脚30)

460×300
310×180
400×300

210×130

±0.000

-0.700

-0.900

3900　　3900

0　　　　　　　5米

二二　天王殿横剖面图

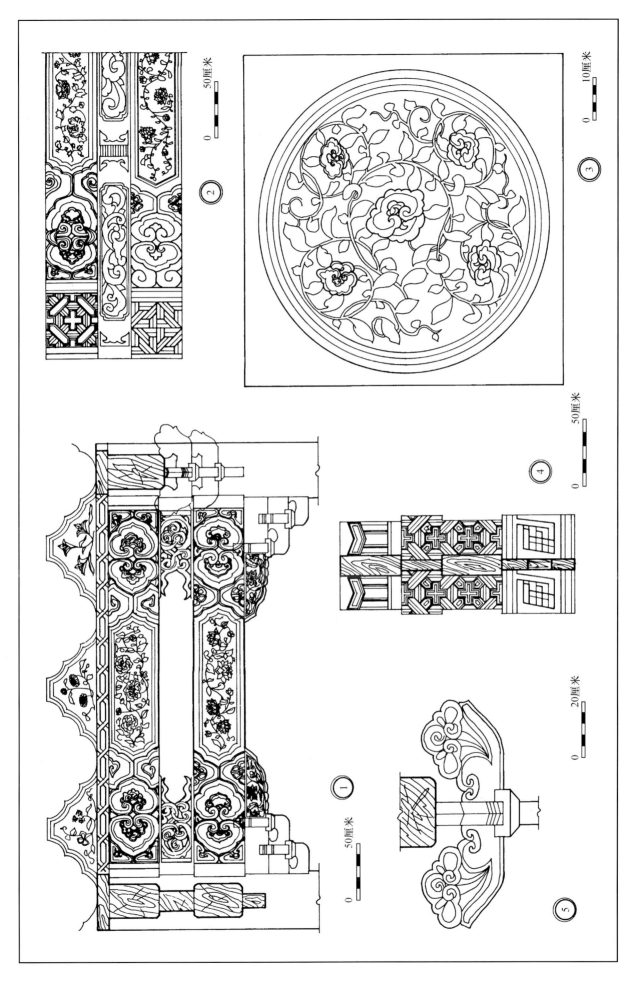

一三　天王殿彩画详图

二四　天王殿门与雀替详图

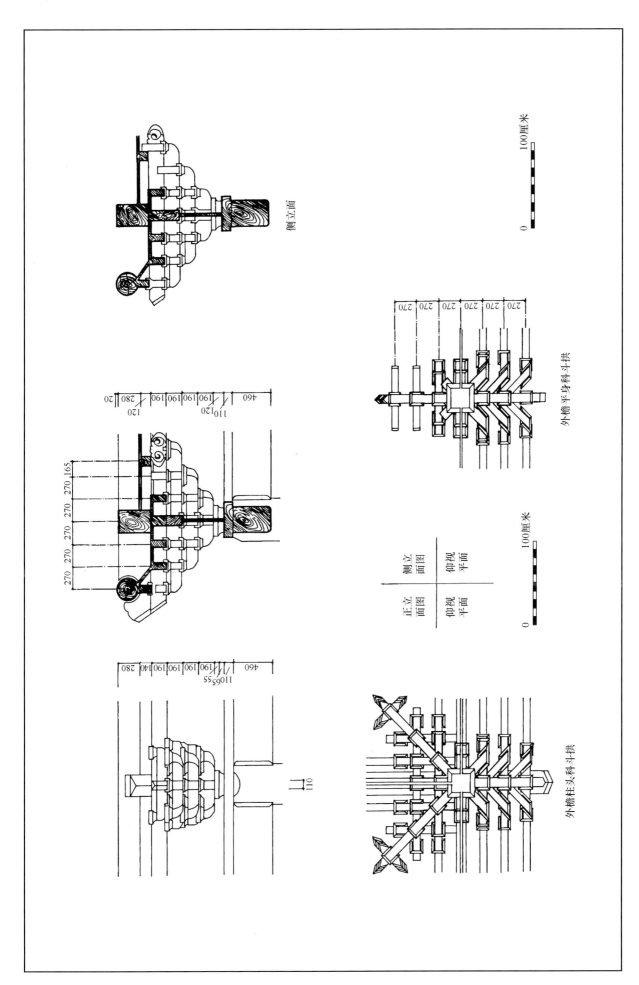

側立面

100厘米

0

外檐平身科斗拱

正立面图 侧立面图
仰视平面 仰视平面

100厘米

0

外檐柱头科斗拱

二五　天王殿斗拱详图

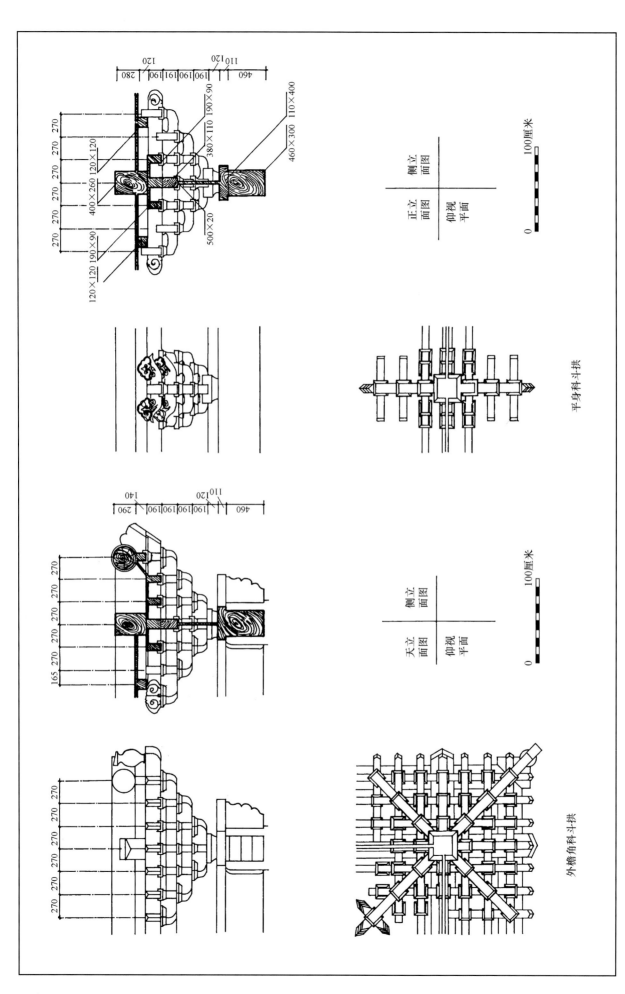

二六　天王殿斗拱详图

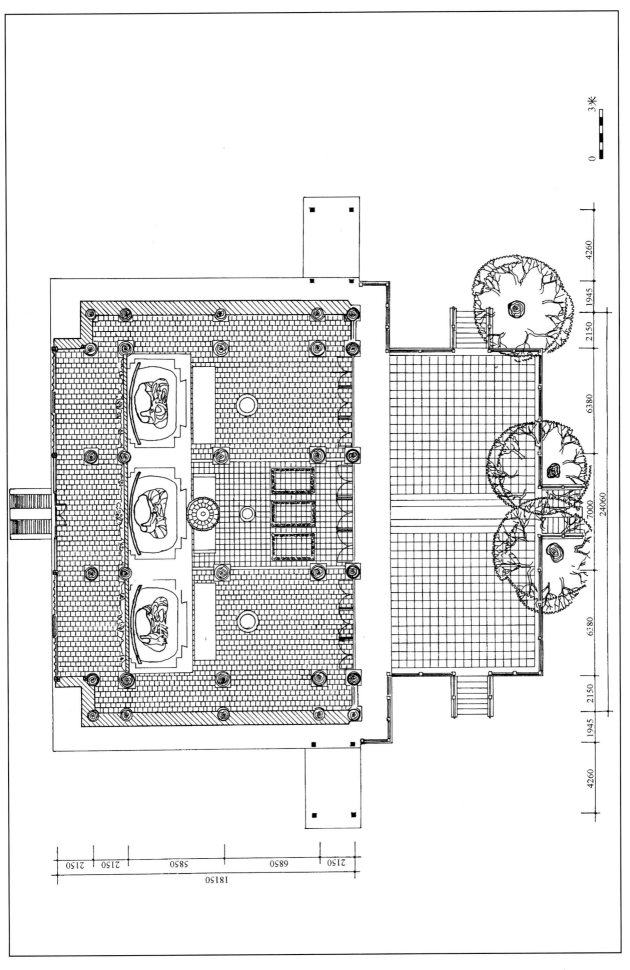

二七 大雄宝殿平面图

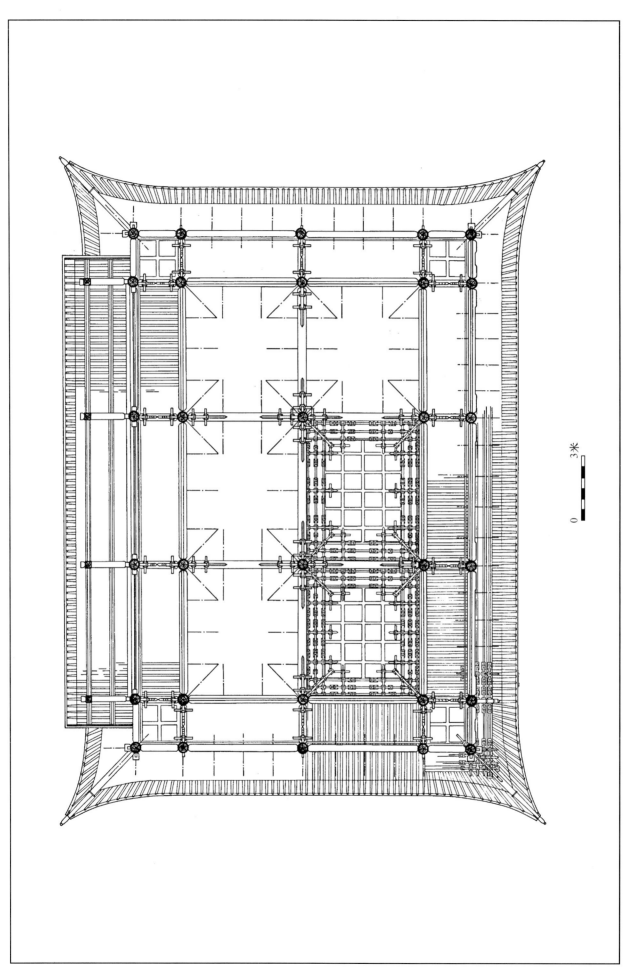

二八　大雄宝殿仰视平面图

0　　　3米

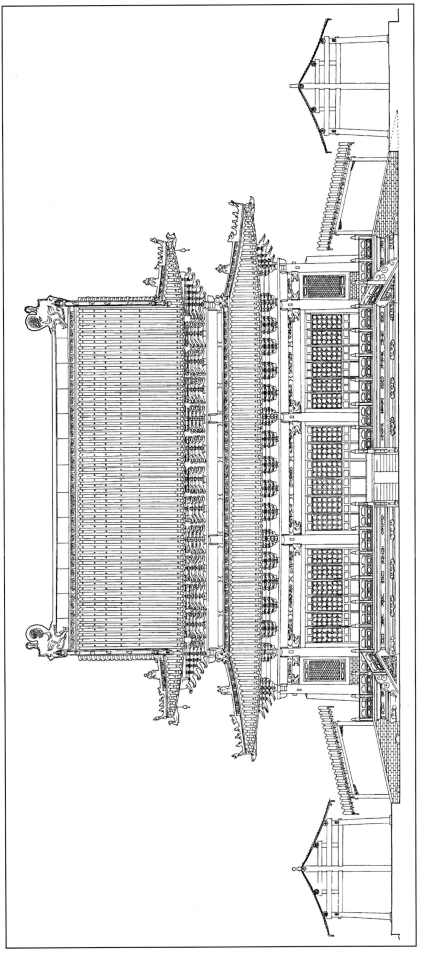

二九　大雄宝殿正立面图

三〇 大雄宝殿背立面图

0 　　4米

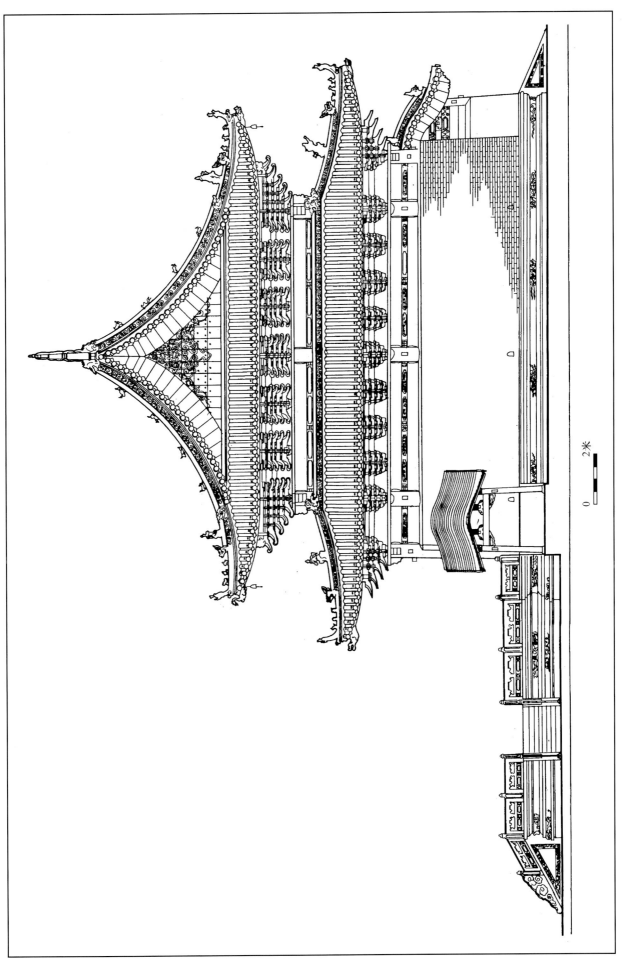

三一 大雄宝殿侧立面图

0   2米

75

三二 大雄宝殿横剖面图

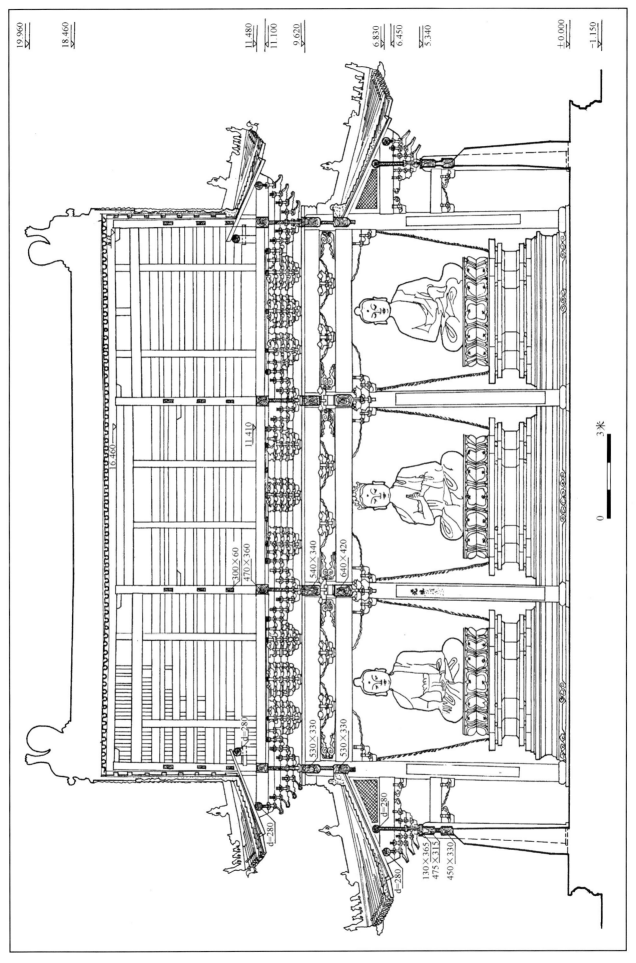

19.960

18.460

16.460

11.480
11.410
11.100

9.620

6.830
6.450

5.340

±0.000

−1.150

300×60
470×360

540×340

640×420

d=280

530×330
530×330

d=280

d=280

130×365
475×315
450×330

0   3米

三三　大雄宝殿纵剖面图

77

三四　大雄宝殿门窗大样图

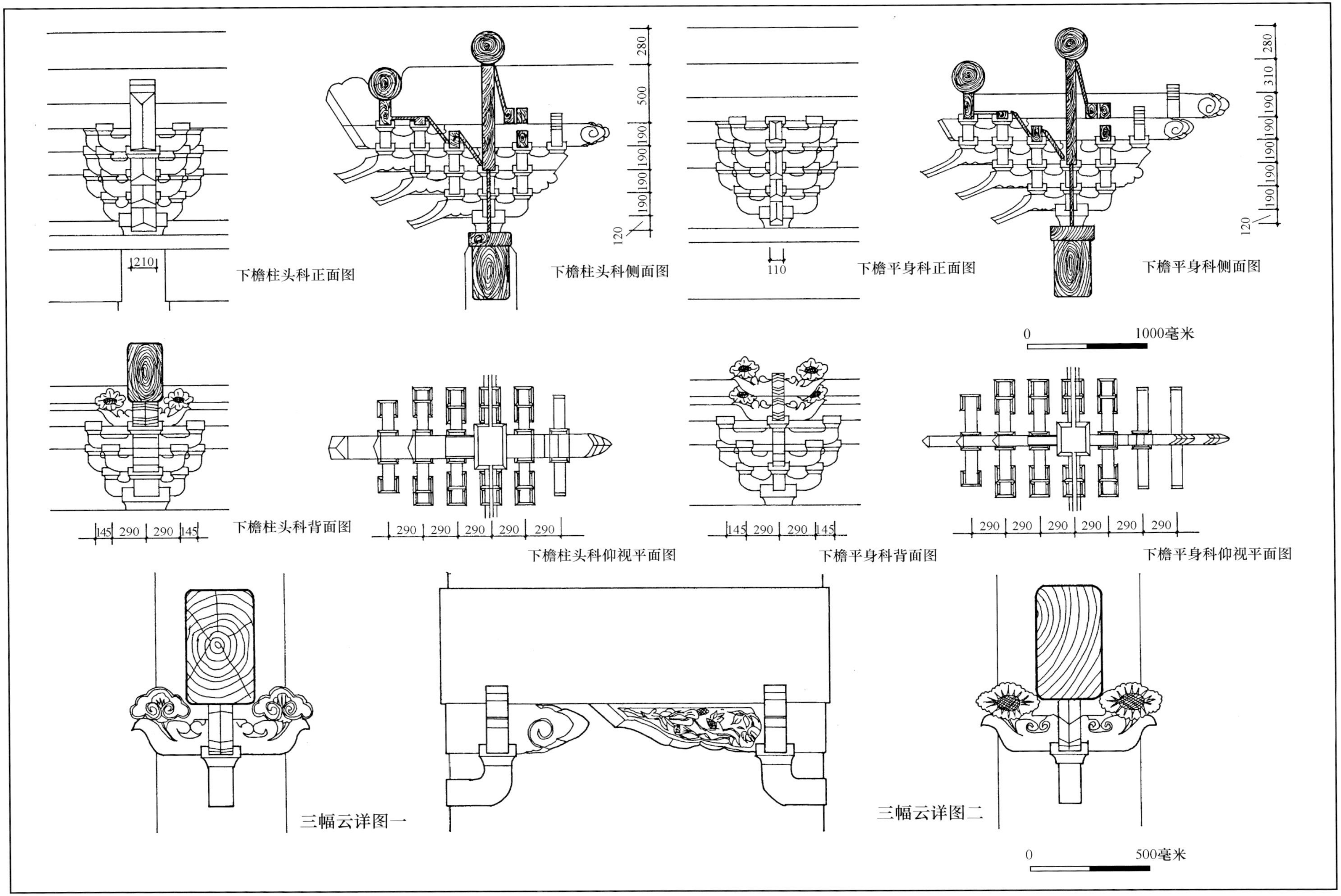
下檐柱头科正面图
210
下檐柱头科侧面图
280
500
190
190
190
190
120
下檐平身科正面图
110
下檐平身科侧面图
280
310
190
190
190
190
190
120
0
1000毫米
下檐柱头科背面图
145
290
290
145
290
290
290
290
290
下檐柱头科仰视平面图
下檐平身科背面图
145
290
290
145
290
290
290
290
290
290
下檐平身科仰视平面图
三幅云详图一
三幅云详图二
0
500毫米

三五　大雄宝殿斗拱雀替详图

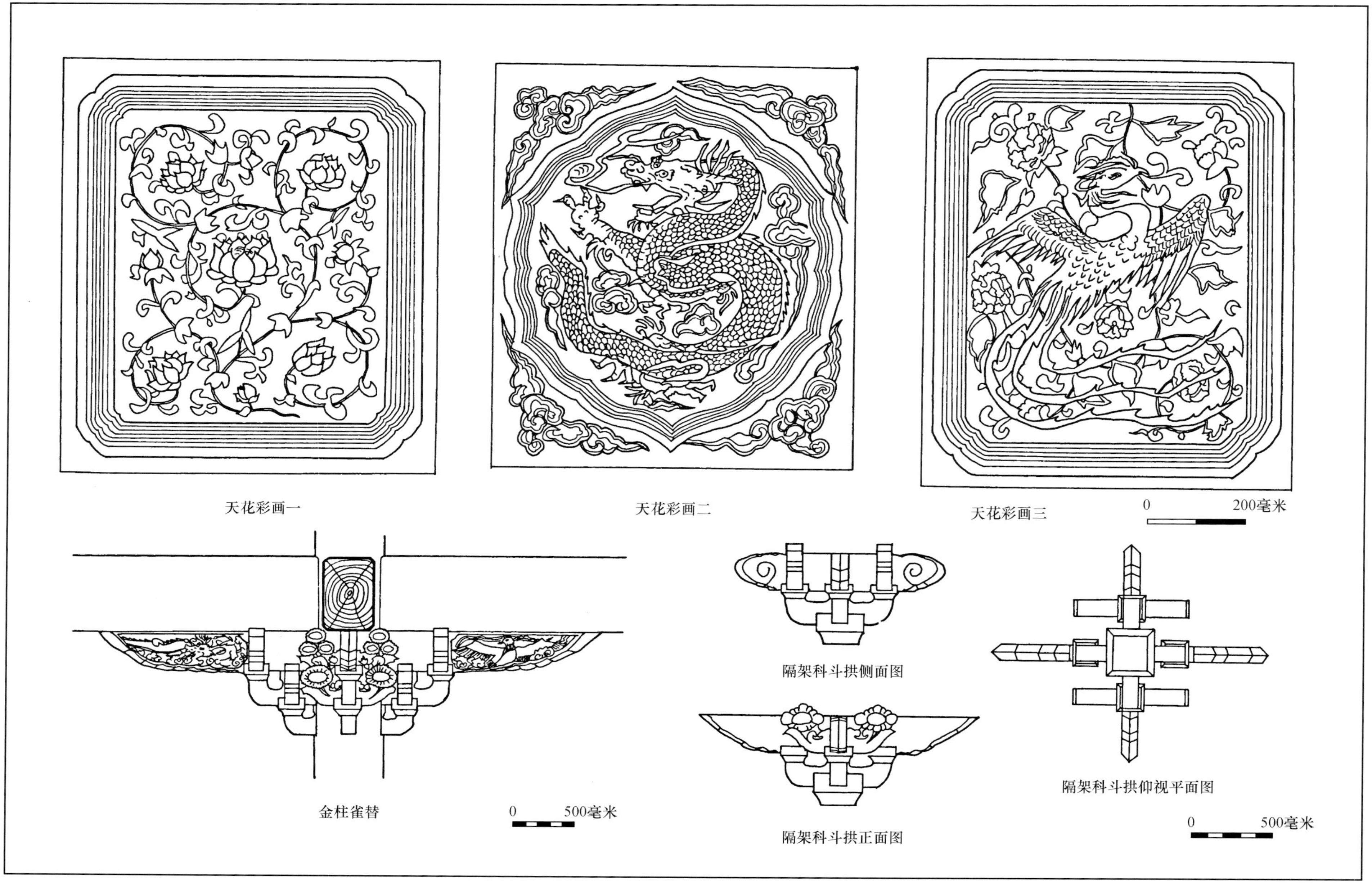

天花彩画三

天花彩画二

天花彩画一

隔架科斗拱仰视平面图

隔架科斗拱侧面图

隔架科斗拱正面图

金柱雀替

200毫米

500毫米

500毫米

0

0

0

三六　大雄宝殿斗拱彩画雀替图

梁枋彩画

垫拱板彩画

天花彩画四

天花彩画五

三七 大雄宝殿彩画详图

81

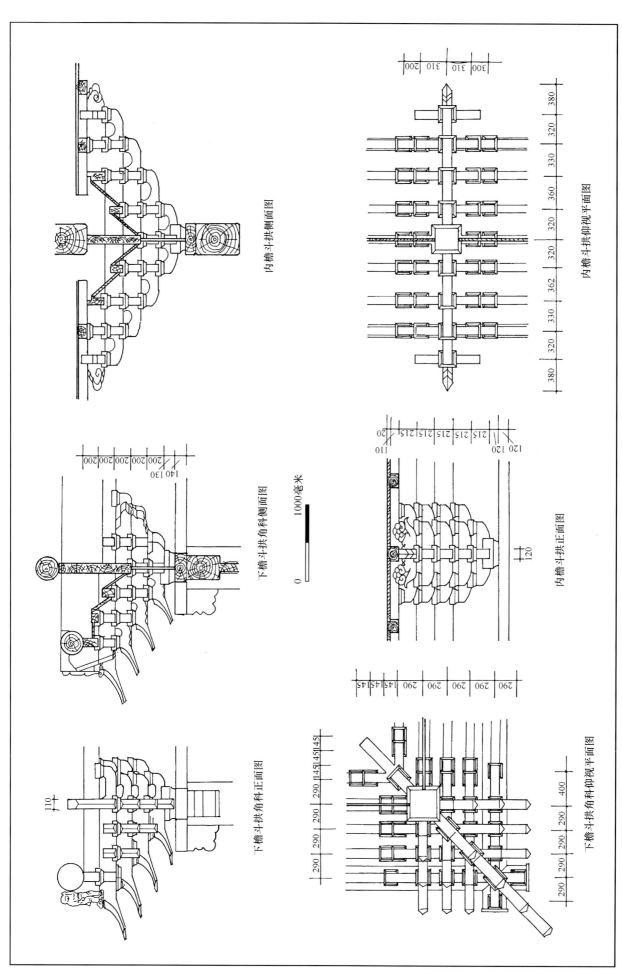

内檐斗拱侧面图

内檐斗拱仰视平面图

300 310 310 200

380 320 330 360 320 362 330 320 380

下檐斗拱角科侧面图

140 130 200 200 200 200 200

1000毫米

0

内檐斗拱正面图

110 215 215 215 215 215 120

120

下檐斗拱角科正面图

110

下檐斗拱角科仰视平面图

145 145 145 290 290 290 290 290 145 145 145

290 290 290 400 290 290 290

三八　大雄宝殿斗拱详图

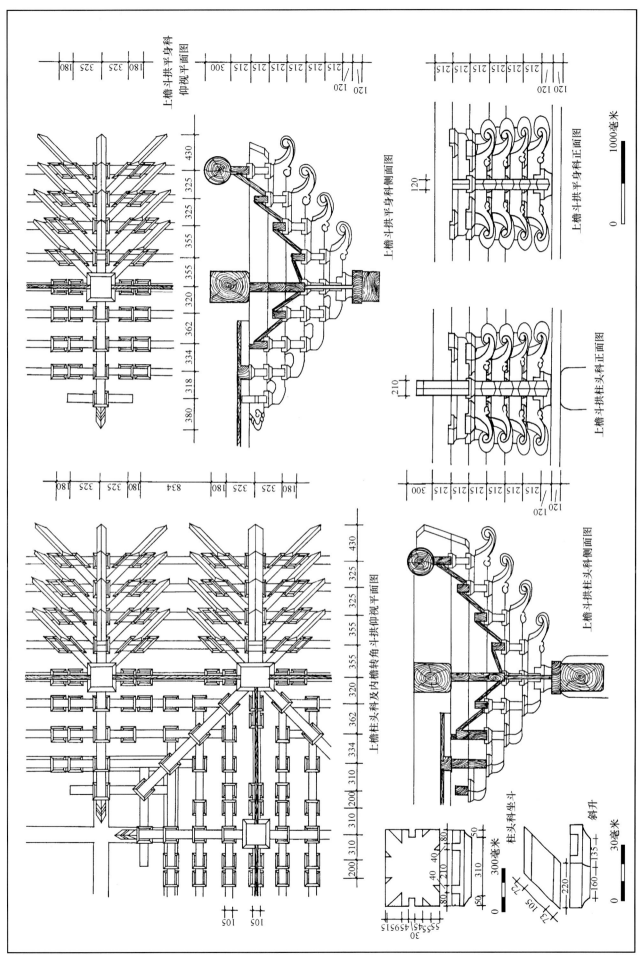

上檐斗拱平身科仰视平面图

上檐斗拱平身科侧面图

上檐斗拱平身科正面图

上檐斗拱柱头科正面图

上檐斗拱柱头科侧面图

上檐柱头科及内檐转角斗拱仰视平面图

柱头科坐斗

斜升

三九 大雄宝殿斗拱详图

83

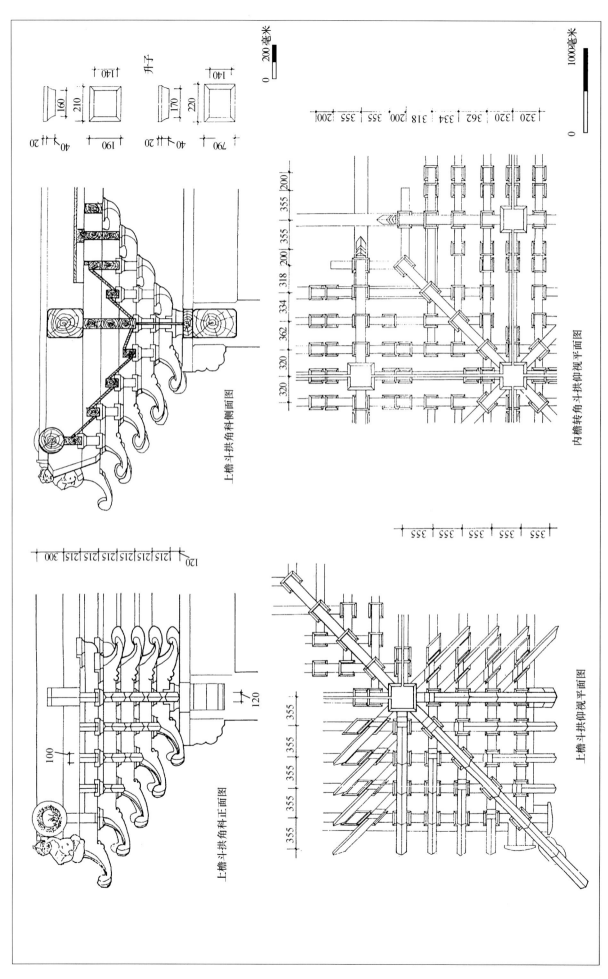

升子

上檐斗拱角科侧面图

内檐转角斗拱仰视平面图

上檐斗拱角科正面图

上檐斗拱仰视平面图

四〇 大雄宝殿斗拱详图

84

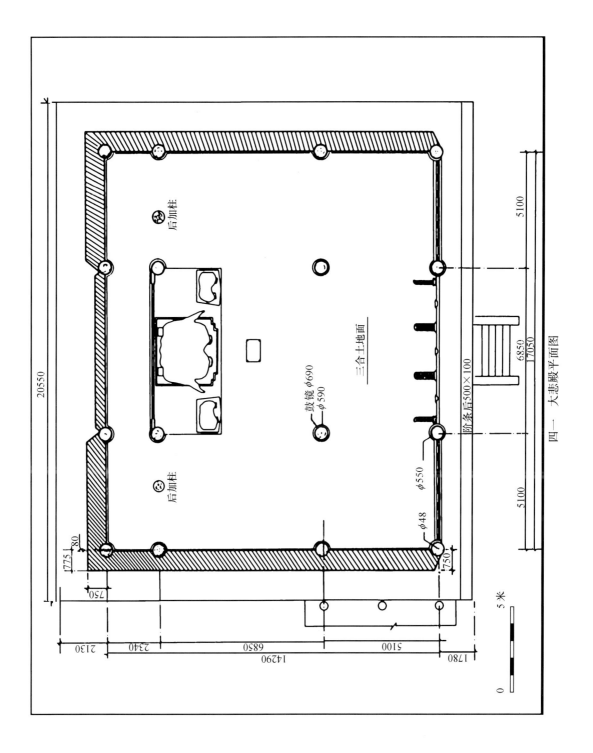

四一 大悲殿平面图

后加柱

后加柱

三合土地面

鼓镜 φ690
φ590

φ550

φ48

踏条后500×100

20550

5100

5100

6850
17050

775
80

750

750

2130
5100
2340
6850
14290
1780

5 米

0

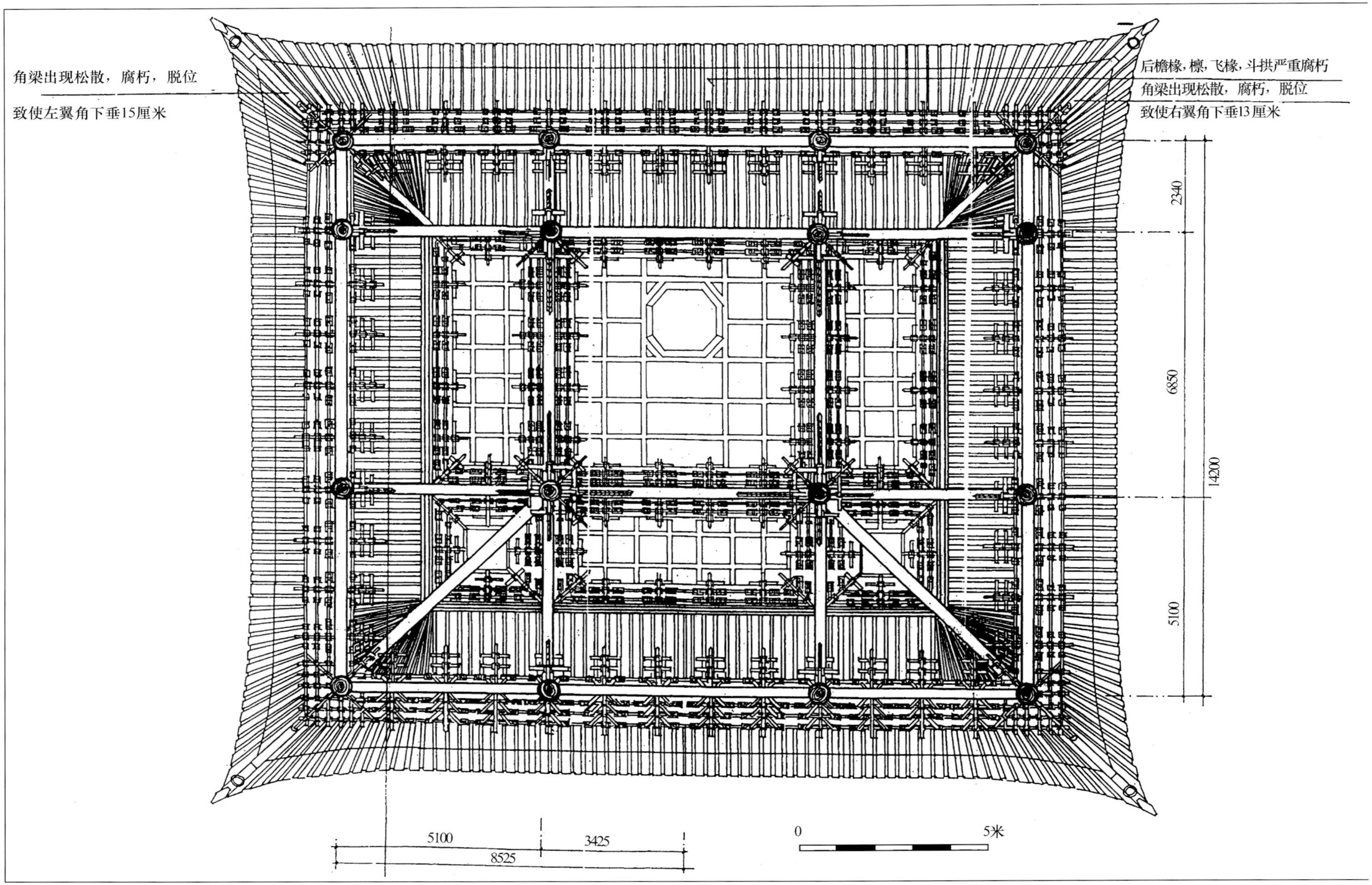

四二 大悲殿平面、仰视图

后檐椽、槫、飞椽、斗拱严重腐朽
角梁出现松散、腐朽、脱位
致使右翼角下垂13厘米

14200
2340
6850
5100

5米
0

3425
8525
5100

角梁出现松散、腐朽、脱位
致使左翼角下垂15厘米

86

16.200

9.850
8.740

5.700
4.700

2厘米

±0.000

-0.900

0

四三　大悲殿正立面图

87

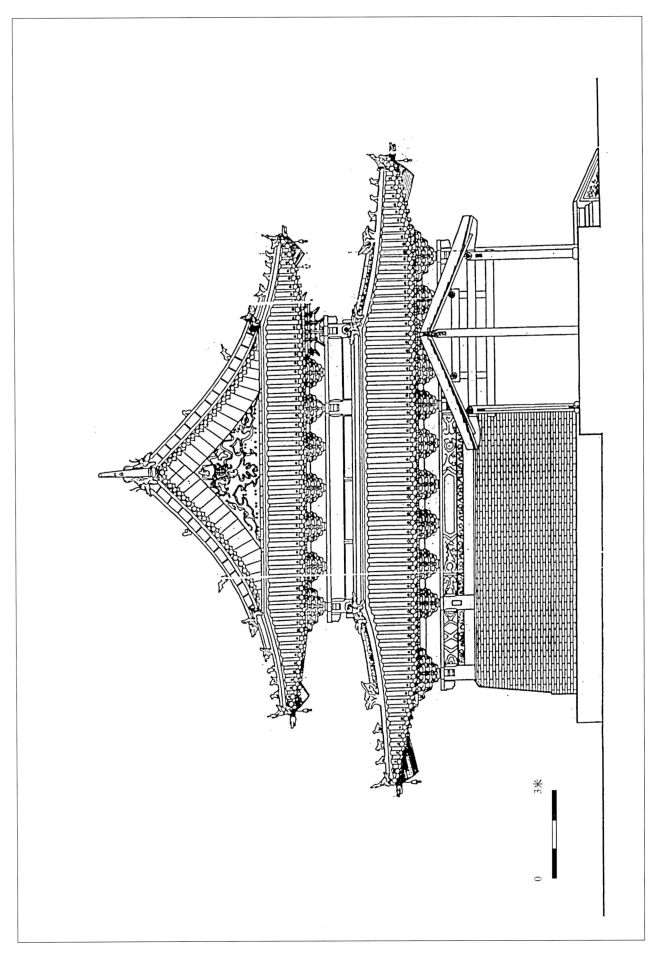

四四 大悲殿侧立面图

3米

0

16.20

15.00

9.66

8.58

5.70

4.62

±0.00

0.90

1270

980 710

820

640

880 840

2060 670

1207 1330 1350 840 880

次间脊檩下垂，拔榫40

明次间檩枋折断，现支顶

2340

6850

14290

5100

四五　大悲殿横剖面图

89

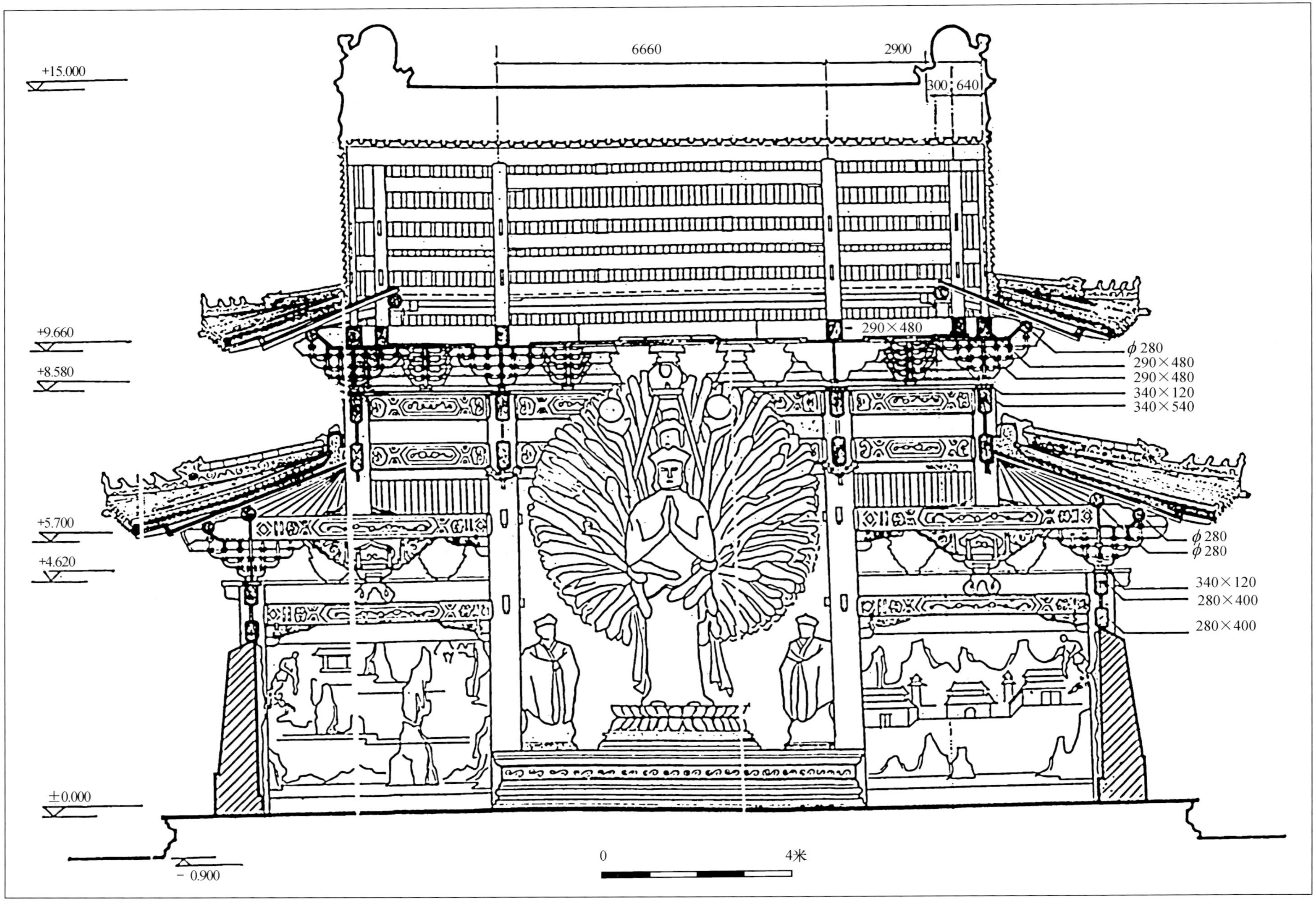

φ280
290×480
290×480
340×120
340×540

290×480

300;640
2900

6660

φ280
φ280

340×120
280×400
280×400

+15.000

+9.660
+8.580

+5.700
+4.620

±0.000

−0.900

4米

0

四六　大悲殿纵剖面图

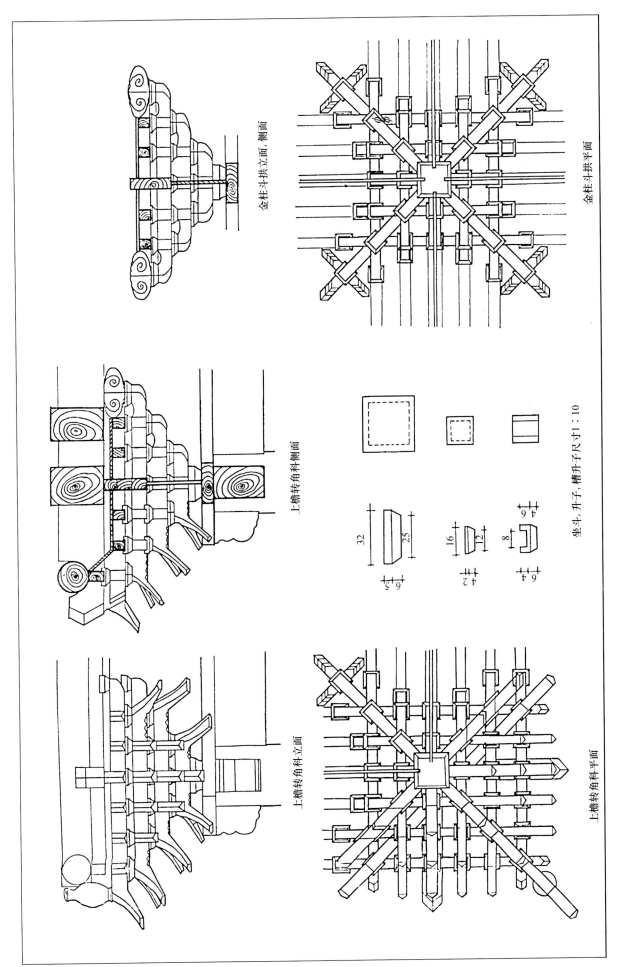

金柱斗栱立面，侧面

金柱斗栱平面

上檐转角科侧面

坐斗、升子、槽升子尺寸1：10

上檐转角科立面

上檐转角科平面

四七　大悲殿斗栱详图

91

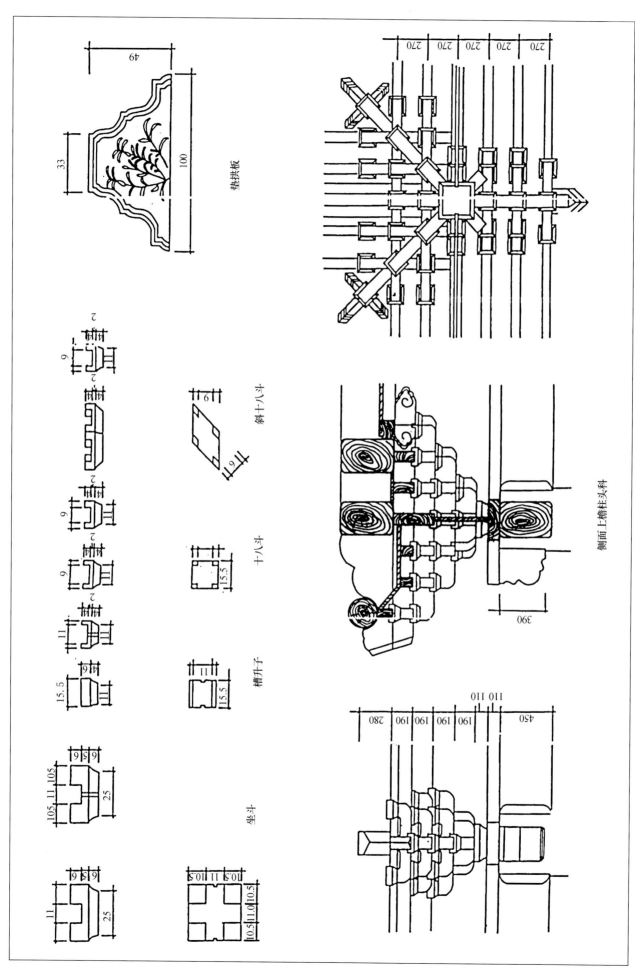

垫拱板

斜十八斗

十八斗

槽升子

坐斗

侧面上檐柱头科

四八　大悲殿斗拱详图

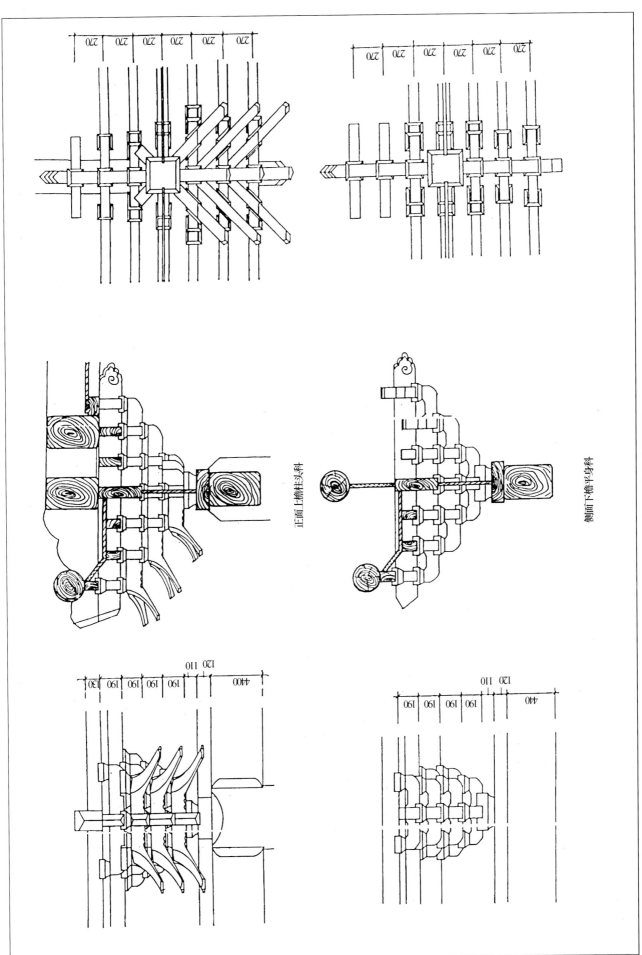

正面上檐柱头科

侧面下檐平身科

四九　大悲殿斗拱详图

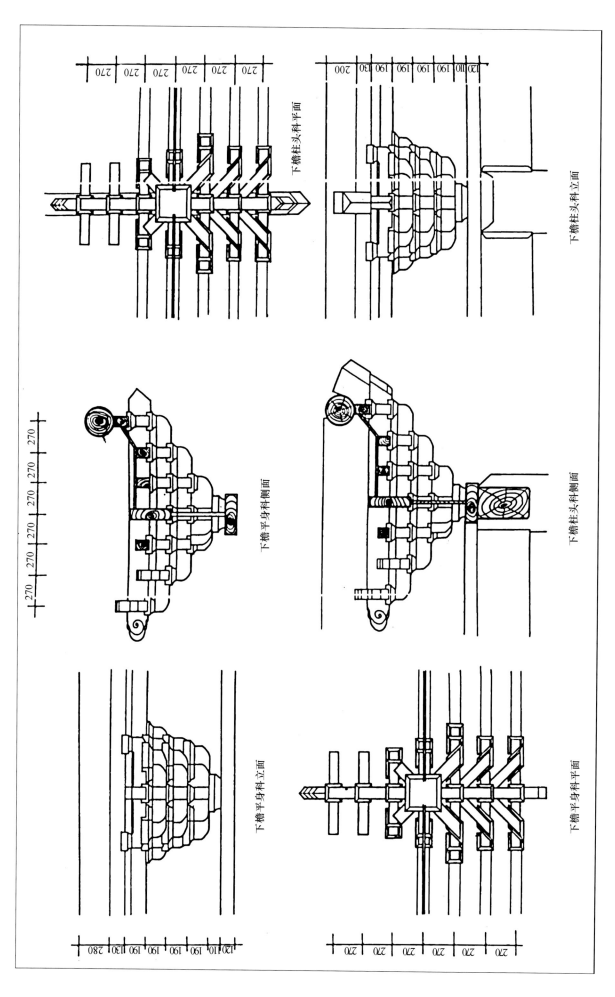

下檐柱头科平面

下檐柱头科立面

下檐柱头科侧面

下檐平身科侧面

下檐平身科立面

下檐平身科平面

五〇　大悲殿斗拱详图

270 270 270 270 270 270

200 130 190 190 190 190 120 110 130

270 270 270 270 270 270 270

120 110 190 190 190 130 280

270 270 270 270 270 270

94

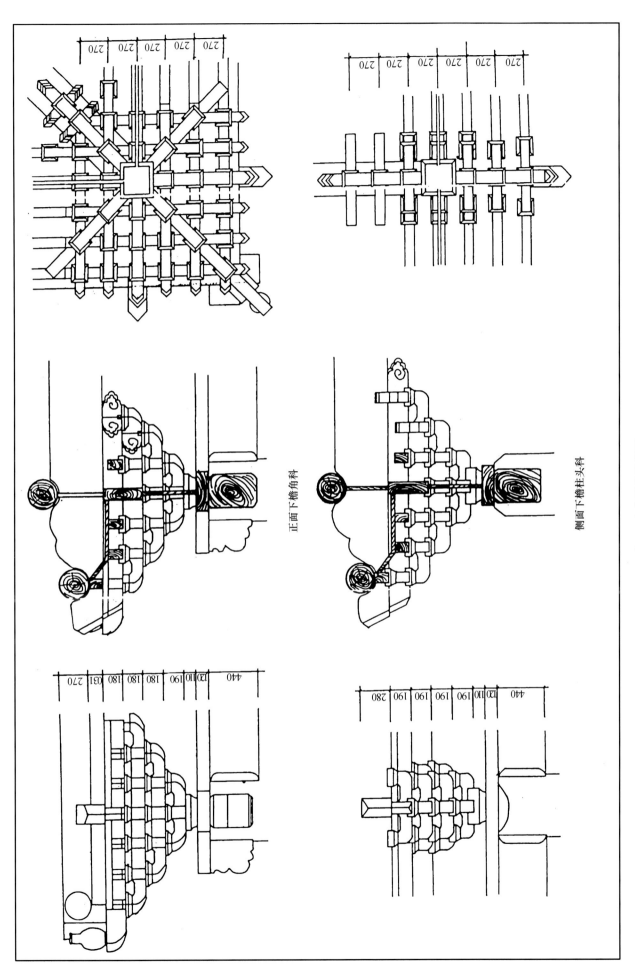

正面下檐角科

侧面下檐柱头科

五一　大悲殿斗拱详图

95

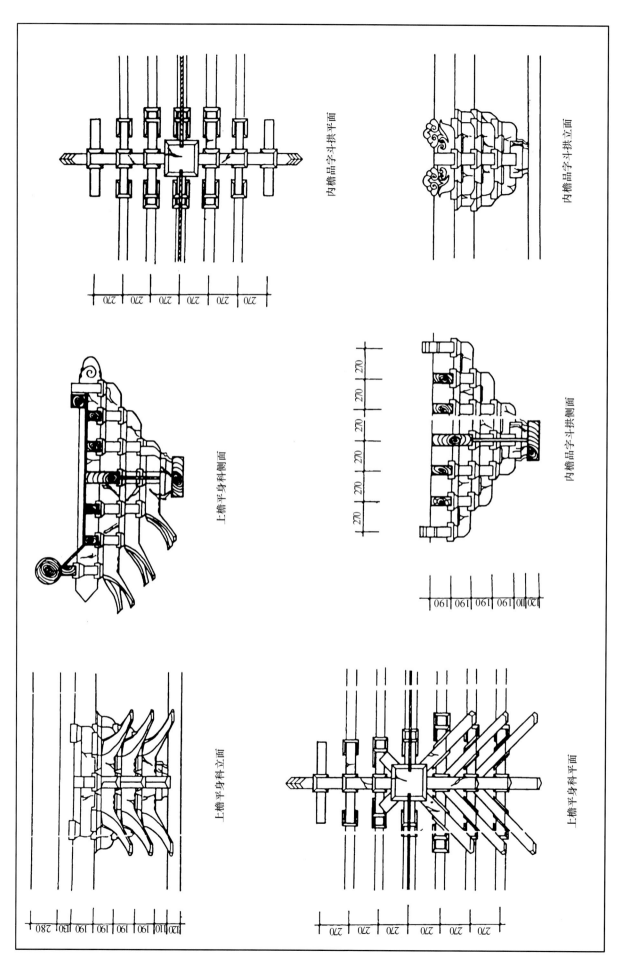

内檐品字斗拱平面

内檐品字斗拱立面

上檐平身科侧面

内檐品字斗拱侧面

上檐平身科立面

上檐平身科平面

五二 大悲殿斗拱详图

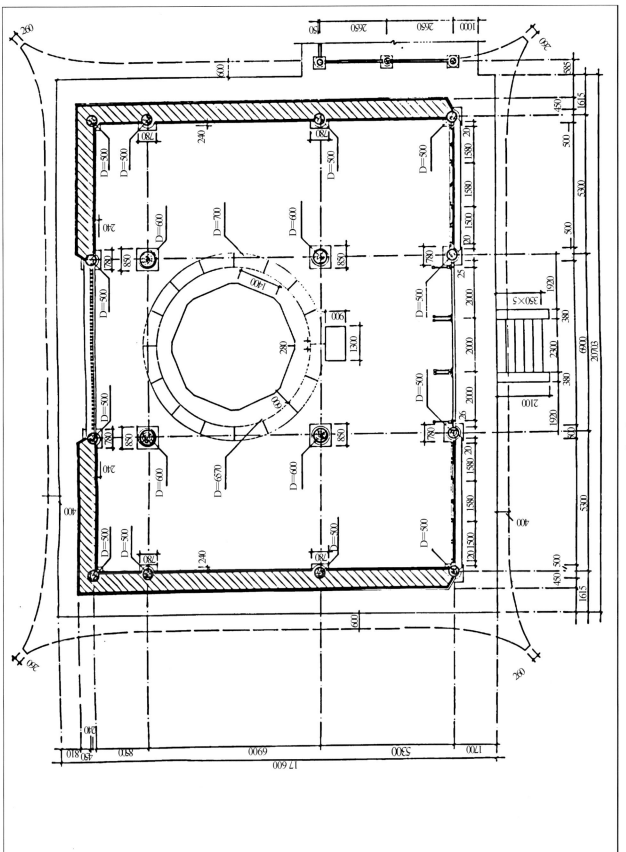

五三 华严藏平面图

五四 华严藏正面立面图

15.200

9.850

8.740

9.700
4.700

±0.000

-0.900

2米

0

98

五五　华严藏侧立面图

15.200

9.850
8.740

5.700
4.700

±0.000
-0.900

3米

0

五六　华严藏仰视与平面图

100

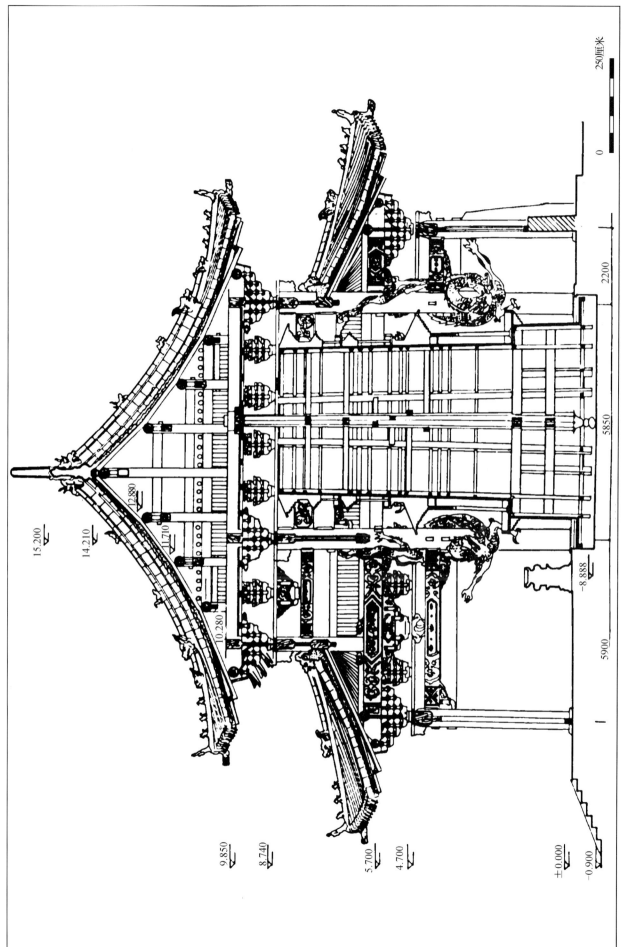

15.200

14.210

12.880

11.710

10.280

9.850

8.740

5.700

4.700

±0.000

-0.900

-8.888

2200

5850

5900

250厘米

0

五七 华严藏横剖面图

101

五八 华严藏纵剖面图

15200

9850

8740

5700

4700

±0.000

-0.660

500×220

280×90
φ280

φ280
500×280
540×90
500×280

470×280
120×360
200×12

φ260
φ280

190×90
120×350
440×280
280×30
400×280

0   3米

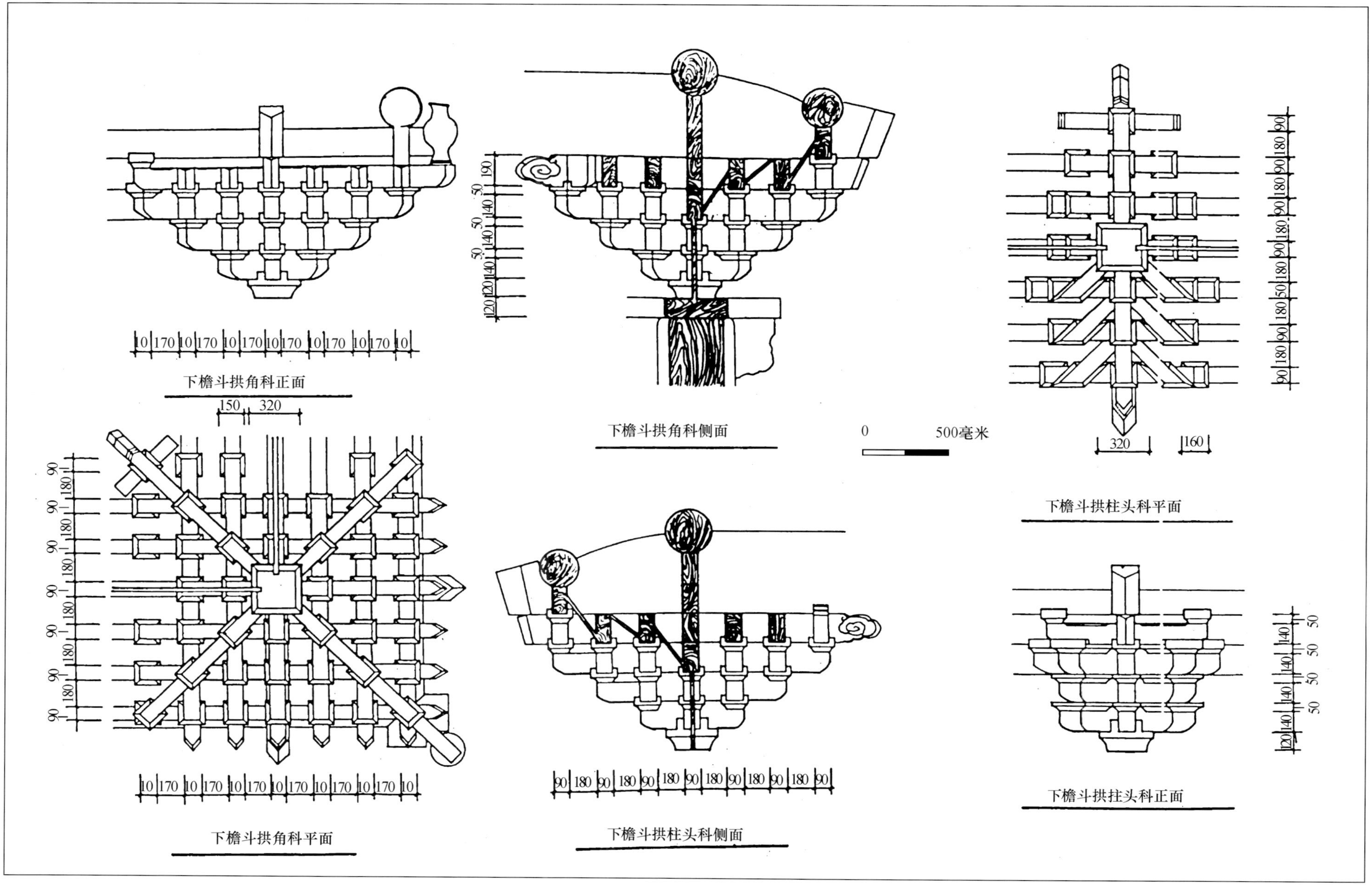

下檐斗拱柱头科平面

下檐斗拱挂头科正面

下檐斗拱角科侧面

下檐斗拱柱头科侧面

下檐斗拱角科正面

下檐斗拱角科平面

0   500毫米

五九　华严藏斗拱详图

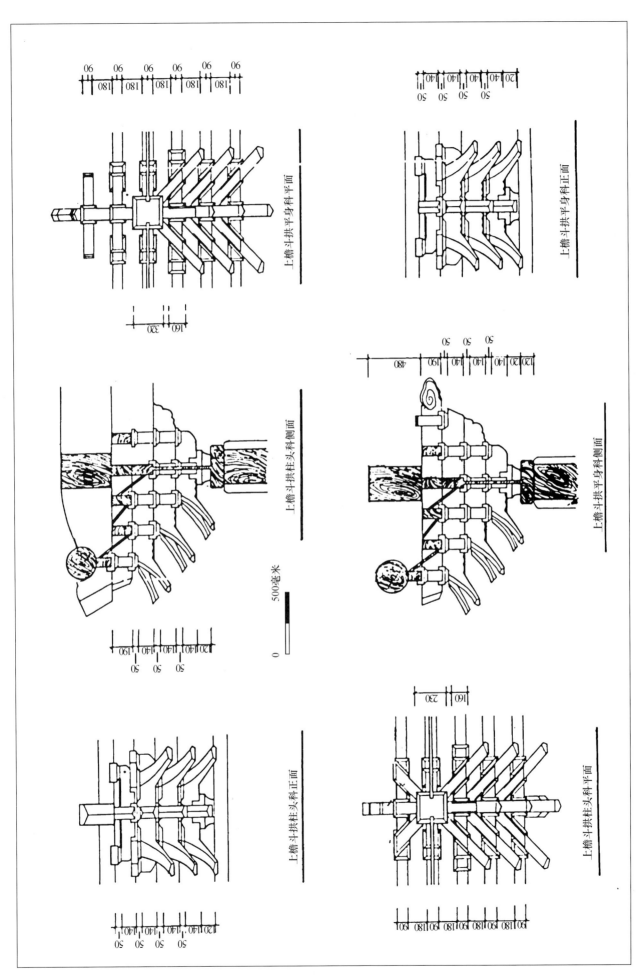

上檐斗拱平身科平面

上檐斗拱平身科正面

上檐斗拱柱头科侧面

上檐斗拱平身科侧面

上檐斗拱柱头科正面

上檐斗拱柱头科平面

500毫米

0

六〇 华严藏斗拱详图

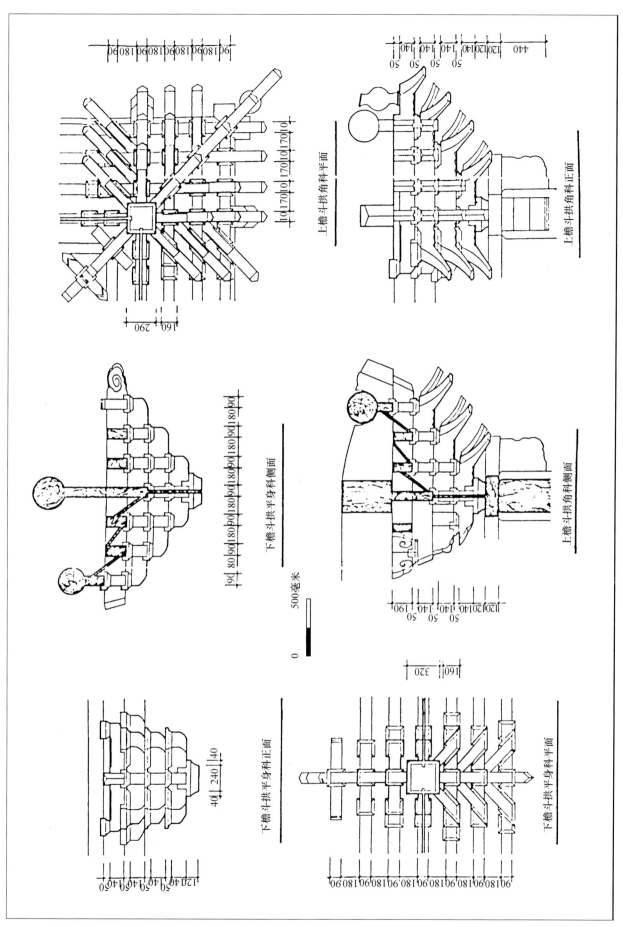

上檐斗拱角科平面

上檐斗拱角科正面

上檐斗拱角科侧面

下檐斗拱平身科侧面

下檐斗拱平身科正面

下檐斗拱平身科平面

0　　500毫米

六一　华严藏斗拱详图

105

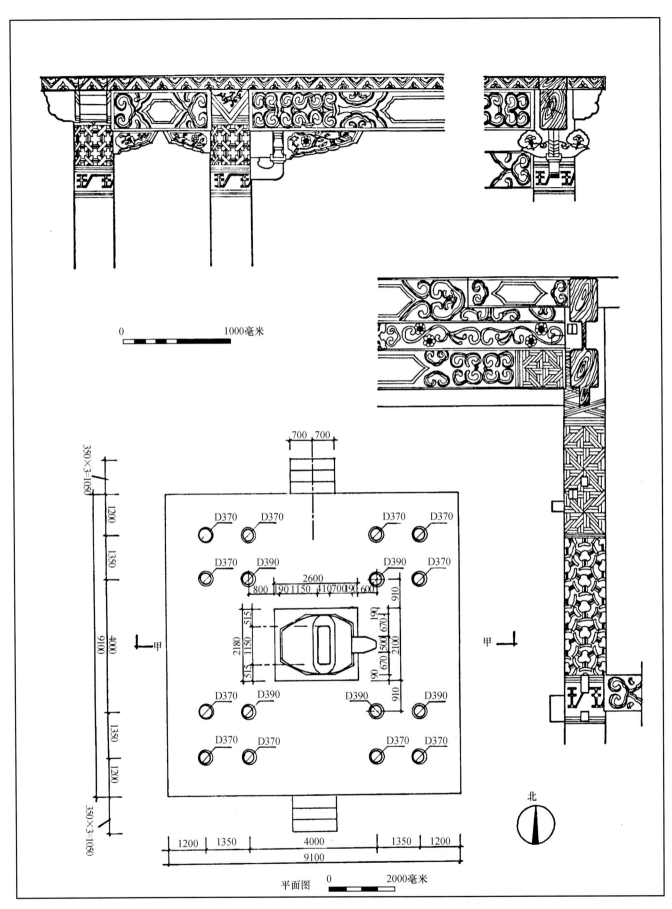

0　　　　　　　1000毫米

700　700

350×3=1050

1200

1350

4000
9100

1350

1200

350×3=1050

甲

D370　D370　　　D370　D370

D370　D390　　　D390　D370

2600
800　190 1150　410 700 190 600

2180
1150
515
515

190
670 500 670
2100

910

910

D370　D390　　　D390　D390

D370　D370　　　D370　D370

甲

北

1200　1350　　　4000　　　1350　1200
9100

平面图　　0　　　　　2000毫米

六二　碑亭平面彩画详图

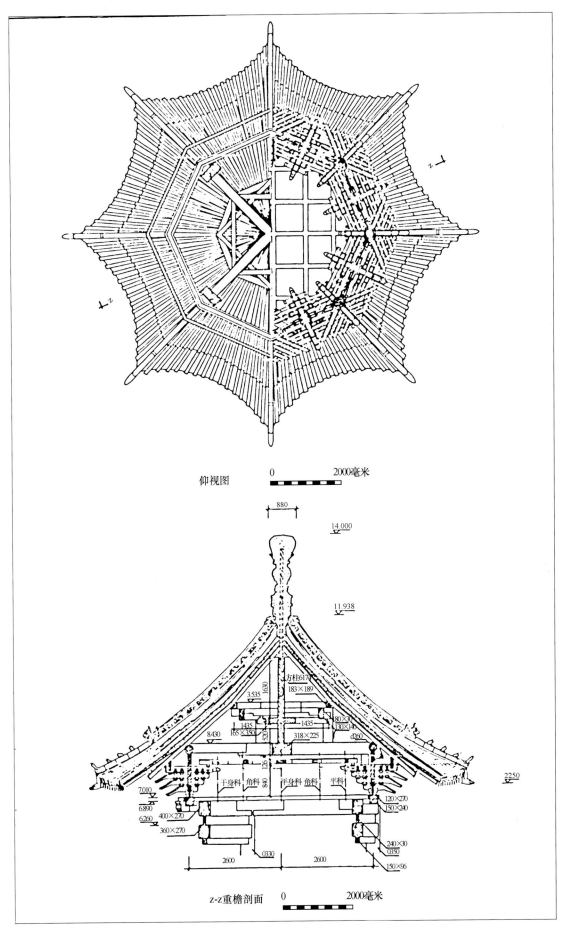

仰视图   0 ▬▬▬ 2000毫米

z-z重檐剖面   0 ▬▬▬ 2000毫米

六三　碑亭仰视平面图

0   2000毫米

六四　碑亭立面图

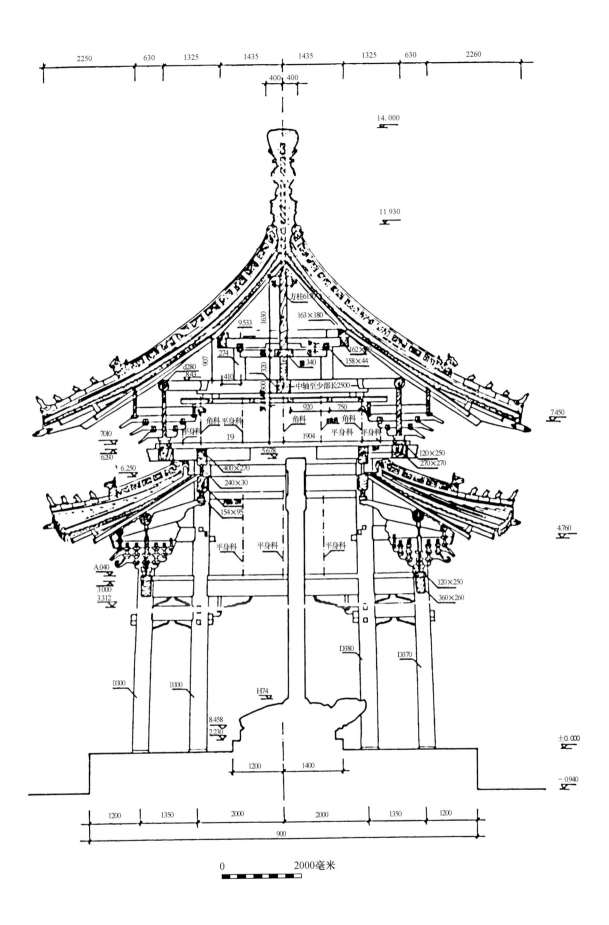

六五　碑亭剖面图

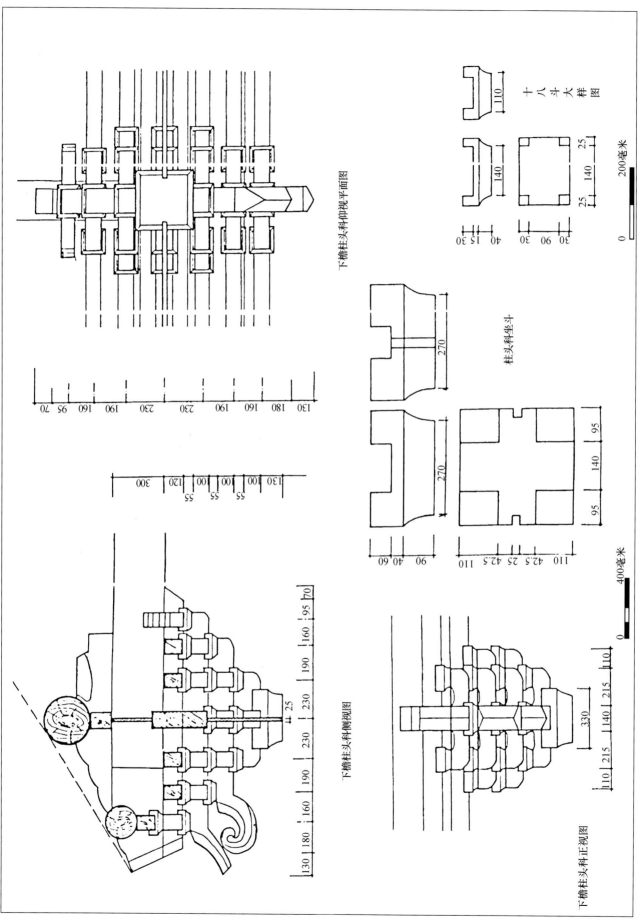

下檐柱头科仰视平面图

十八斗大样图

柱头科坐斗

下檐柱头科侧视图

下檐柱头科正视图

六六 碑亭斗拱详图

110

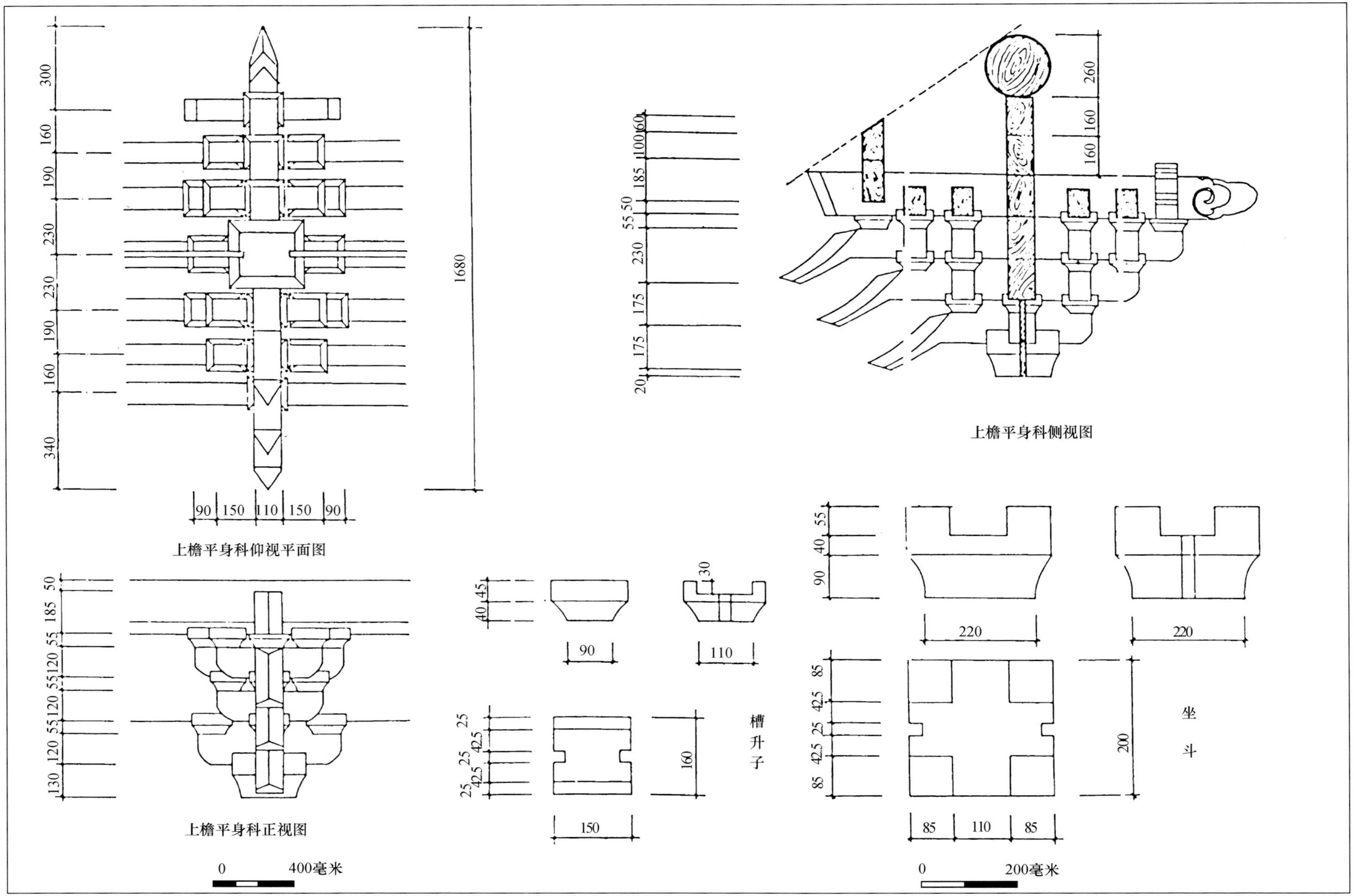
上檐平身科仰视平面图
300
160
190
230
230
190
160
340
1680
90 150 110 150 90
上檐平身科侧视图
260
160
160
100 60
185
55 50
55 50
230
175
175
20
上檐平身科正视图
50
185
55
120
55
120
55
120
130
0 400毫米
90
40 45
110
30
槽升子
160
150
25 42.5 25 42.5 25
坐斗
220
220
55 40 90
200
85 42.5 25 42.5 85
85 110 85
0 200毫米

六七　碑亭斗拱详图

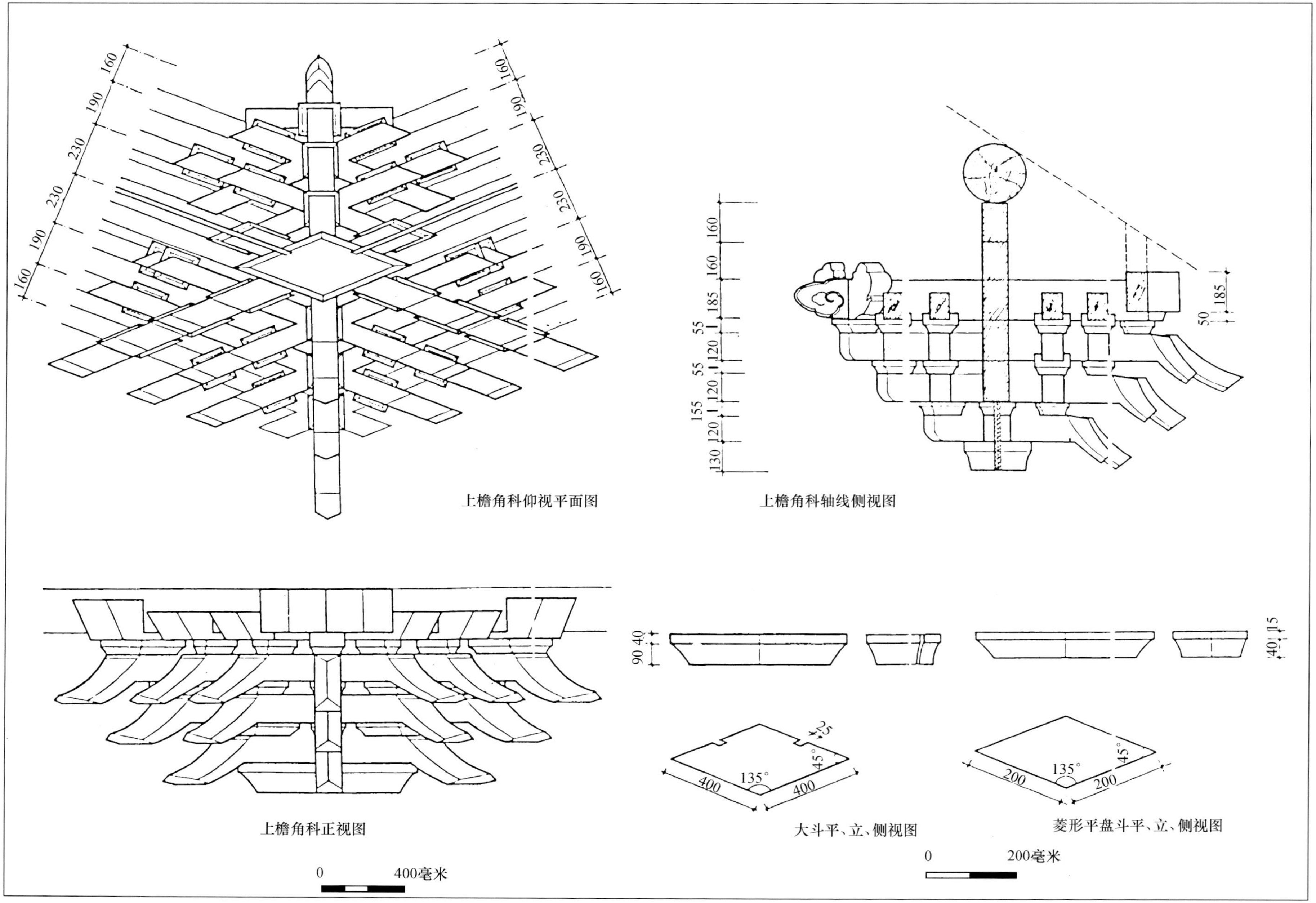

上檐角科轴线侧视图

185

50

160 160 185 120 120 120 130
155 55 55 155

菱形平盘斗平、立、侧视图

200

135°

45°

200

200毫米

0

40 15

大斗平、立、侧视图

25

45°

135°

400

400

400

90 40

上檐角科仰视平面图

160 190 230 230 190 160

160 190 230 230 190 160

上檐角科正视图

400毫米

0

六八　碑亭斗拱详图

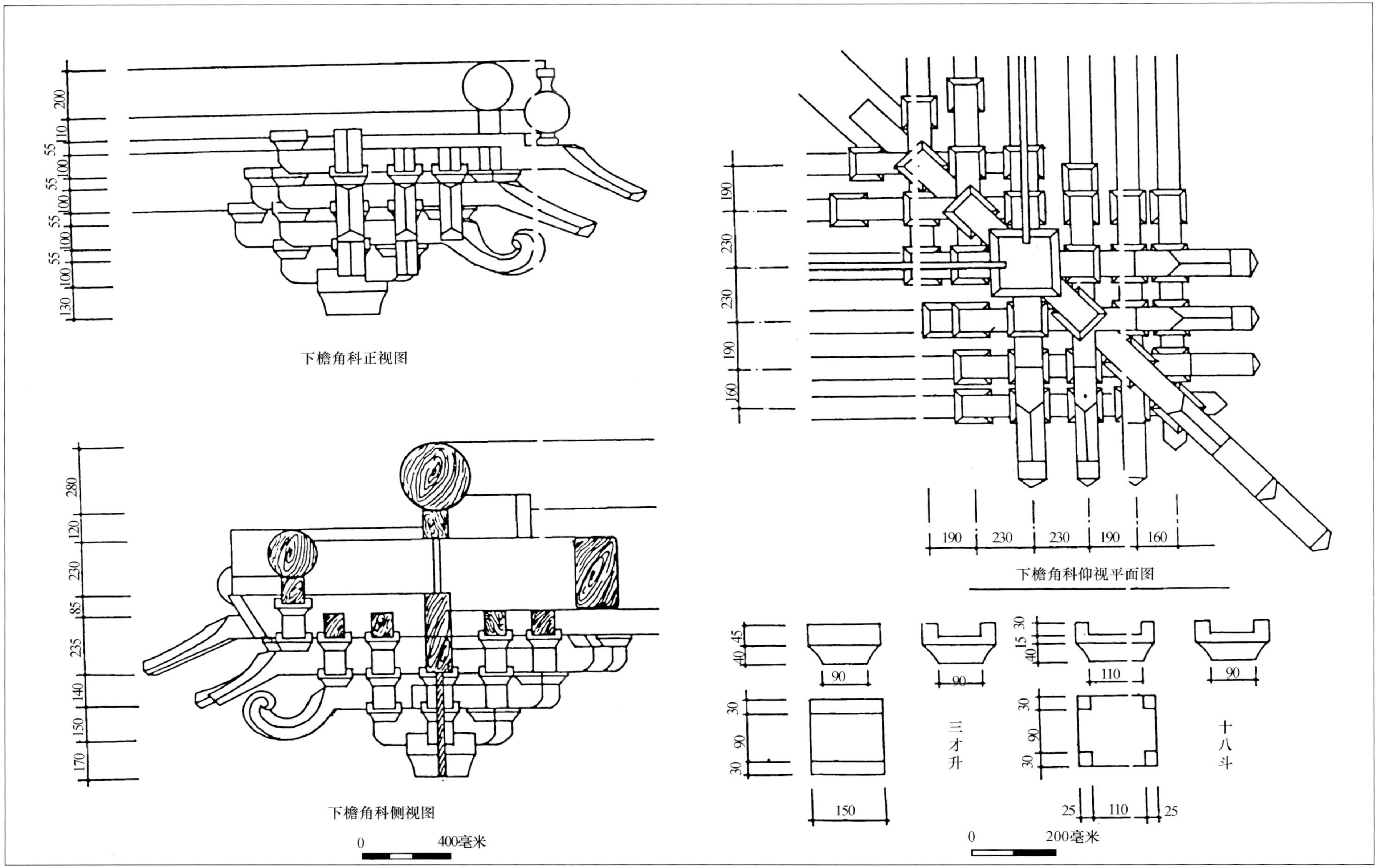

十八斗

90

三才升

90

110

25 110 25

15 30 40

30 90 30

200毫米

0

90

150

40 45

30 90 30

160 190 230 230 190

190 230 230 190 160

下檐角科仰视平面图

下檐角科正视图

130 200 55 100 55 100 55 100 110 200

下檐角科侧视图

170 150 150 140 235 85 230 120 280

400毫米

0

六九 碑亭斗拱详图

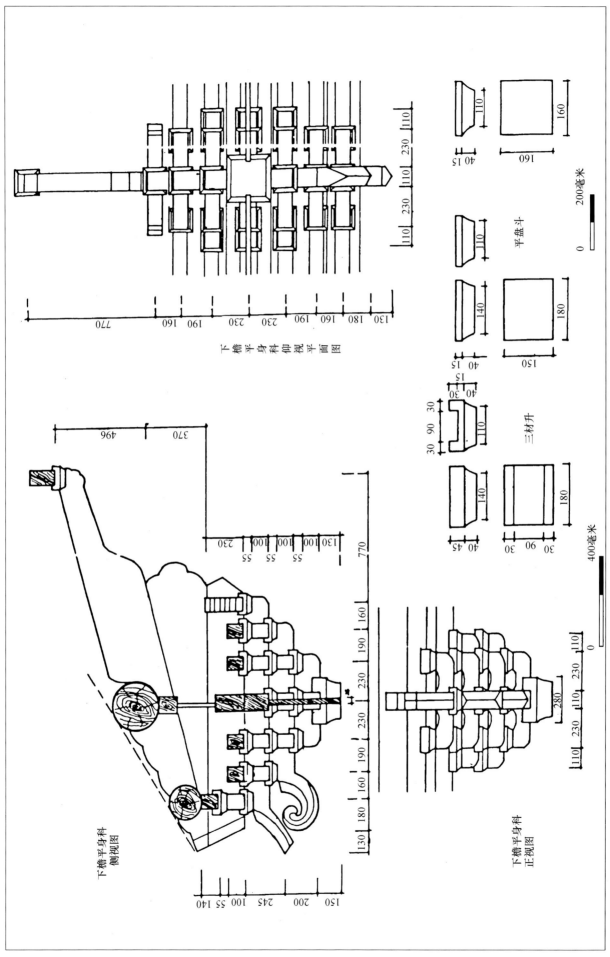

下檐平身科仰视平面图

平盘斗

三材升

下檐平身科侧视图

下檐平身科正视图

七〇 碑亭斗拱详图

七一 万佛阁底层平面图

七二　万佛阁楼层平面图

下26步

1340
6380
7110
225500
6380
1340

1340
6060
6060
1340
14800

0　　　　　4米

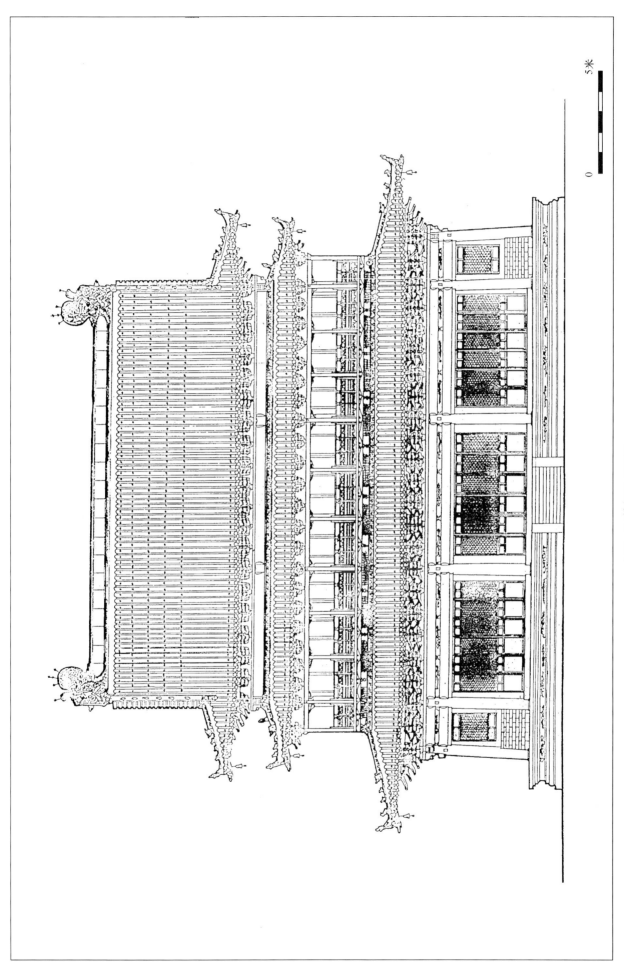

七三 万佛阁正立面图

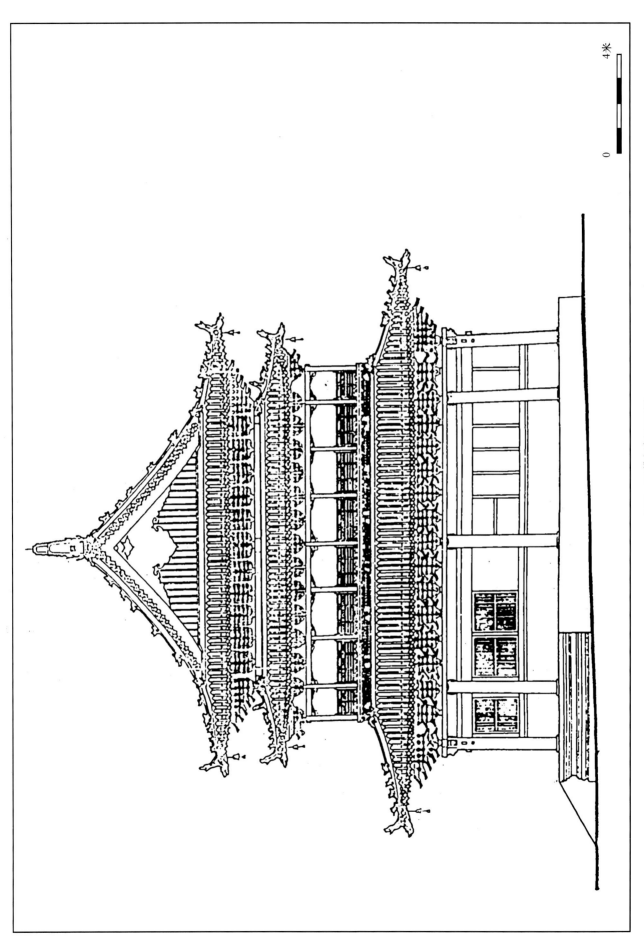

七四　万佛阁侧立面图

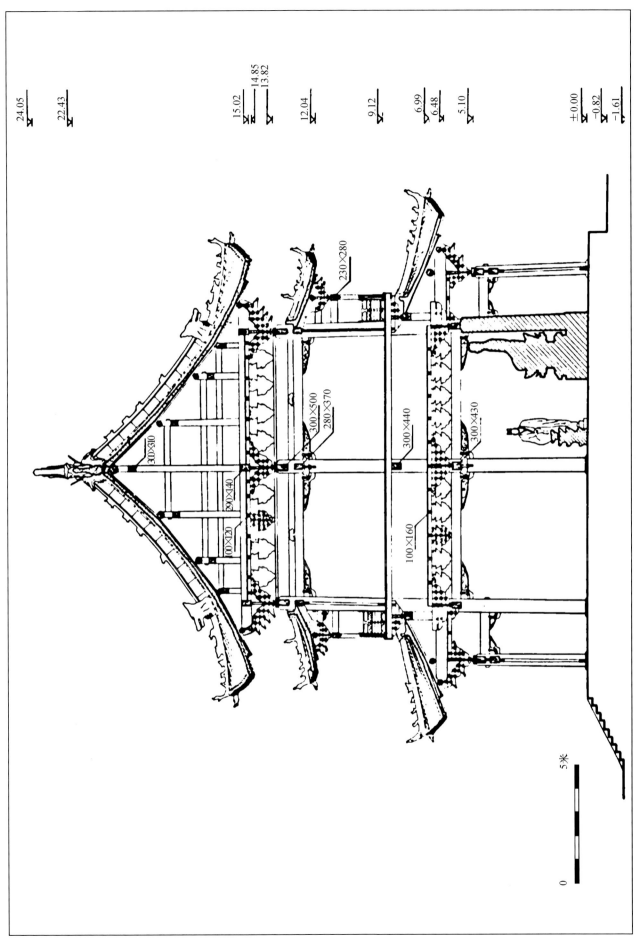

24.05

22.43

15.02
14.85
13.82

12.04

9.12

6.99
6.48

5.10

±0.00
-0.82
-1.61

300×310

290×140

100×120

300×500
280×370

230×280

300×440

100×160

300×430

5米

0

七五 万佛阁阁横剖面图

七六 万佛阁阁纵剖面图

24.050
22.430

14.850

18.040

6.460
5.100

±0.000
-0.620

3米
0

330×330

300×430

300×500
280×370

180×240

300×440

9:120

15.000

6.990

φ500

φ520

±0.00

φ300

230×280

φ270

300×440

270×430

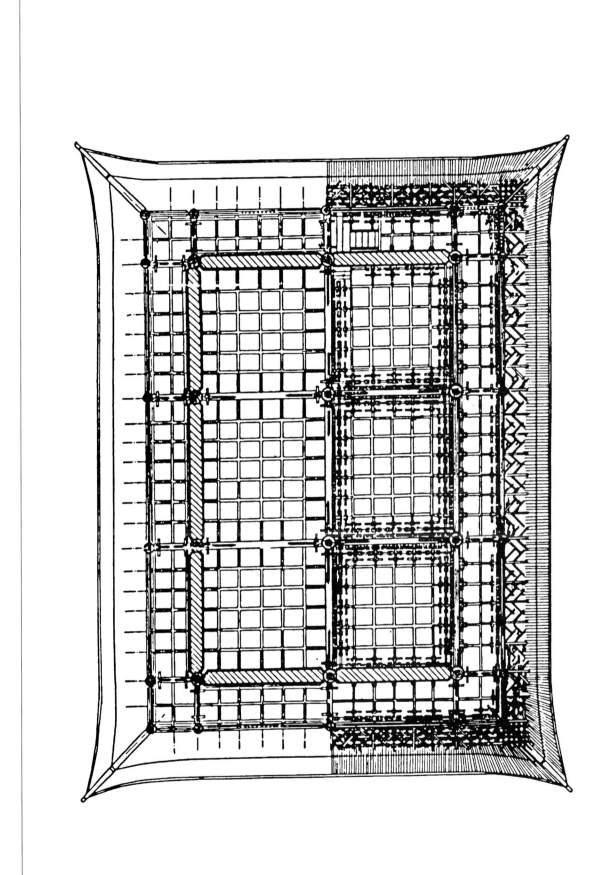

七七 万佛阁底层仰视平面图

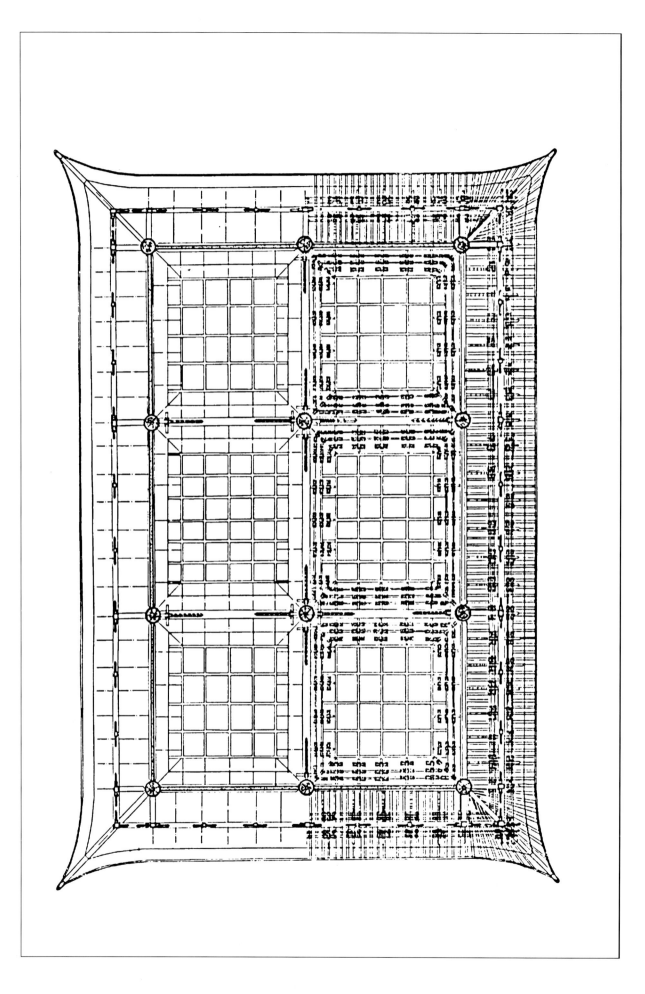

七八 万佛阁楼层仰视平面图

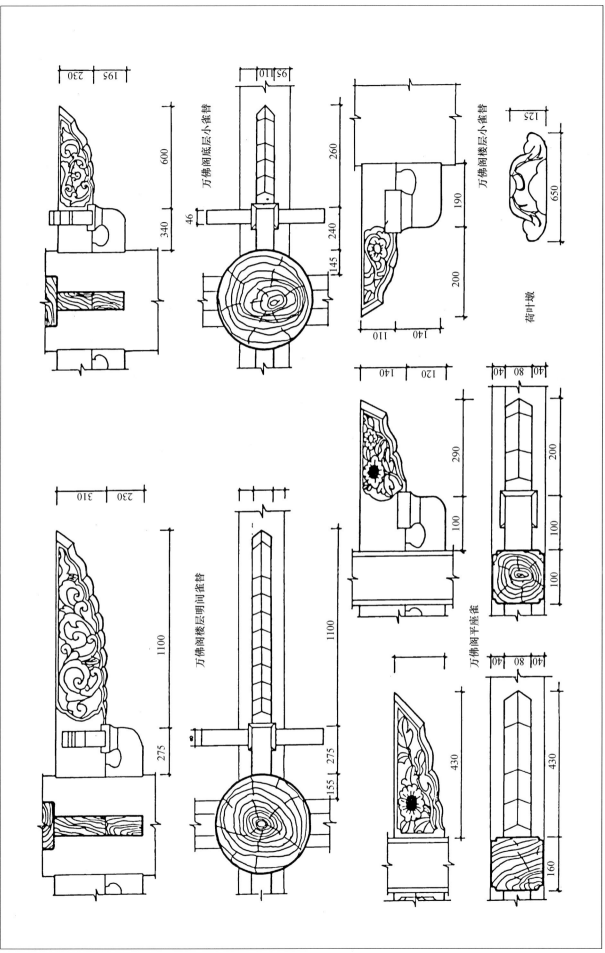

万佛阁底层小雀替

万佛阁楼层小雀替

荷叶墩

万佛阁楼层明间雀替

万佛阁平座雀

七九　万佛阁雀替详图

123

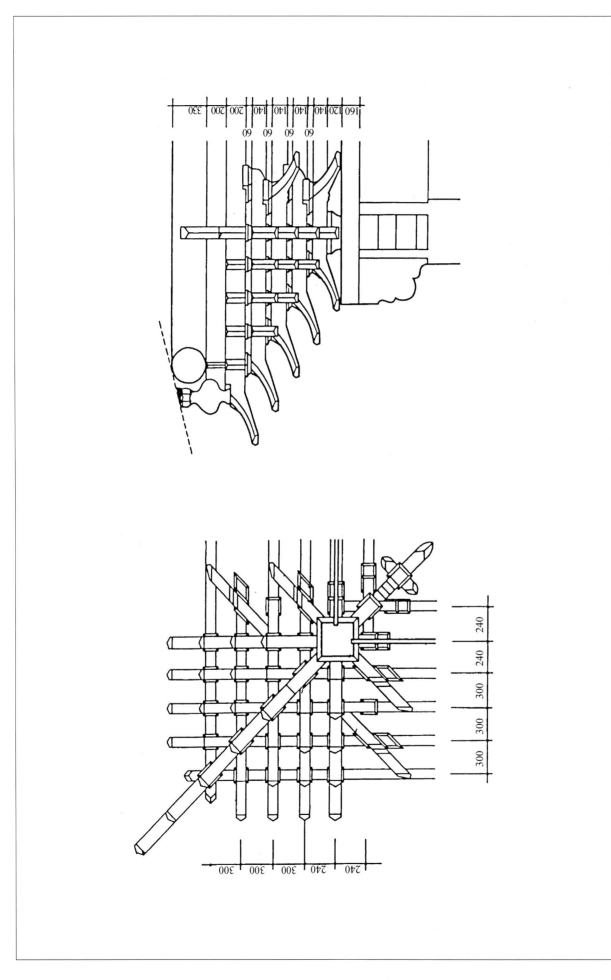

八〇 万佛阁底层外檐转角科斗拱详图

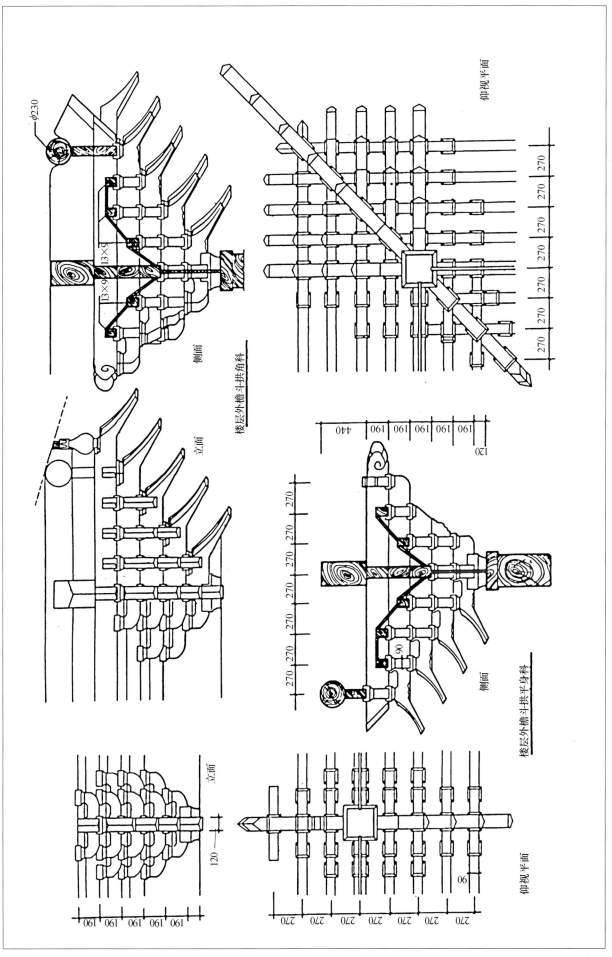

φ230

13×9

13×9

仰视平面

270 270 270 270 270 270 270

侧面

楼层外檐斗拱角科

立面

440 190 190 190 190 190 120

270 270 270 270 270 270

90

侧面

楼层外檐斗拱平身科

仰视平面

立面

190 190 190 190 190

120

270 270 270 270 270 270

90

仰视平面

八一 万佛阁斗拱详图

125

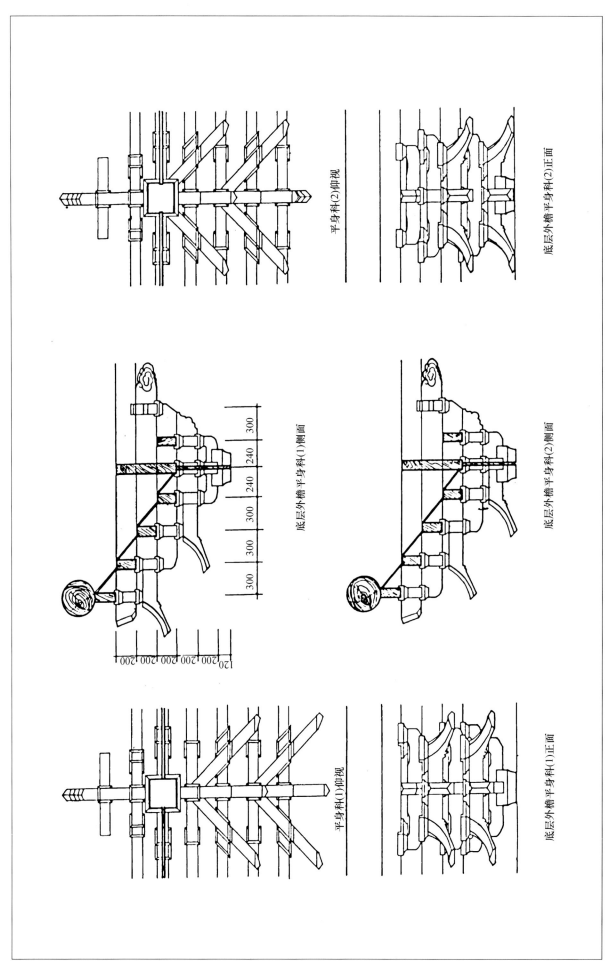

平身科(2)仰视

底层外檐平身科(2)正面

底层外檐平身科(1)侧面

底层外檐平身科(2)侧面

平身科(1)仰视

底层外檐平身科(1)正面

八二 万佛阁斗拱详图

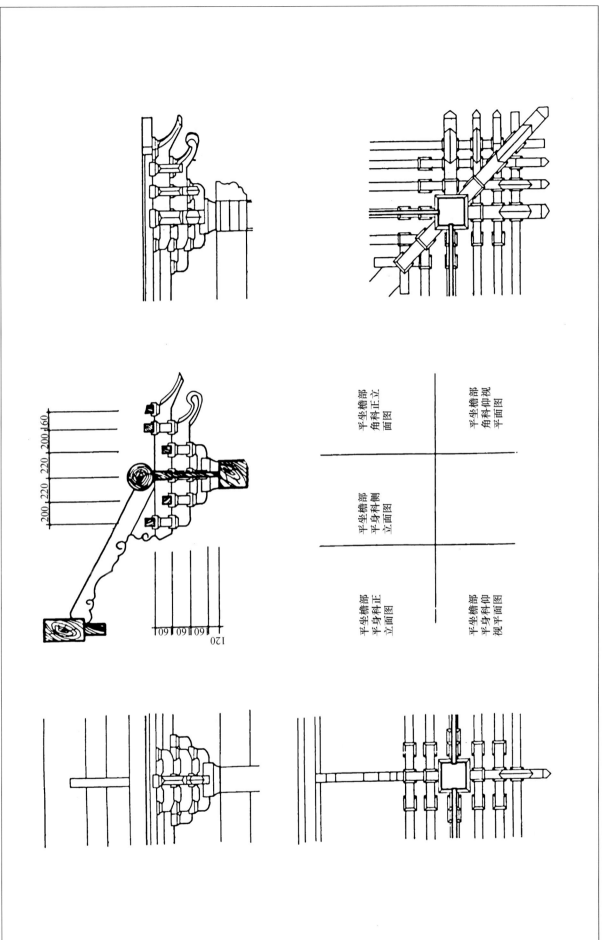

平坐檐部角科正立面图

平坐檐部角科仰视平面图

平坐檐部平身科侧立面图

平坐檐部平身科正立面图

平坐檐部平身科仰视平面图

八三 万佛阁斗拱详图

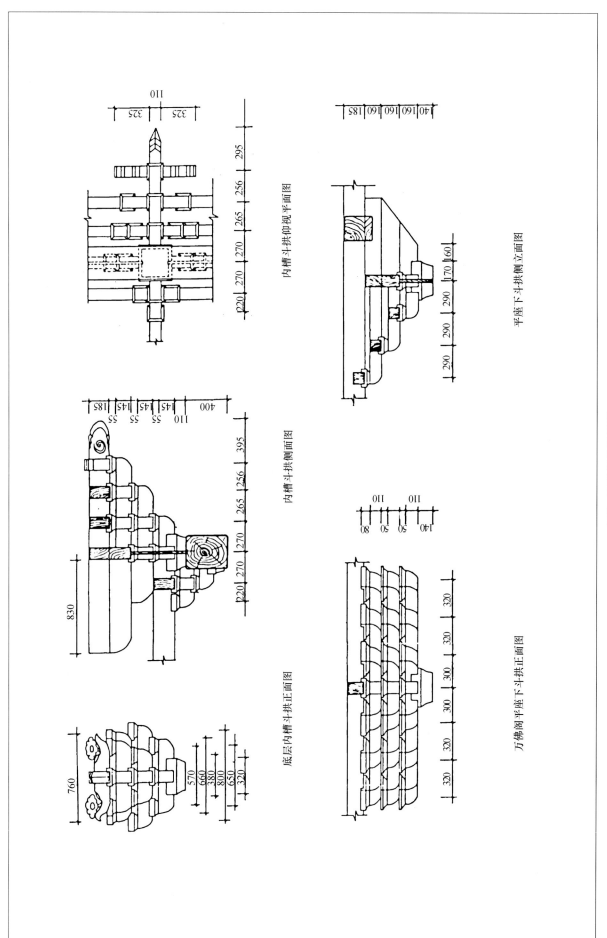

内槽斗拱仰视平面图

内槽斗拱侧面图

平座下斗拱侧立面图

底层内槽斗拱正面图

万佛阁平座下斗拱正面图

八四 万佛阁斗拱详图

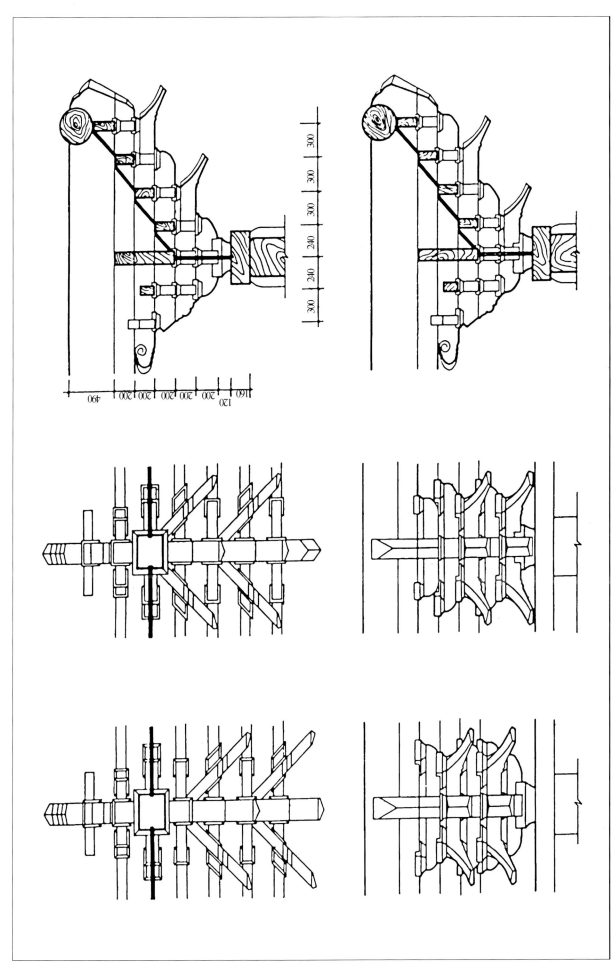

八五 万佛阁底层外檐柱头科斗拱详图

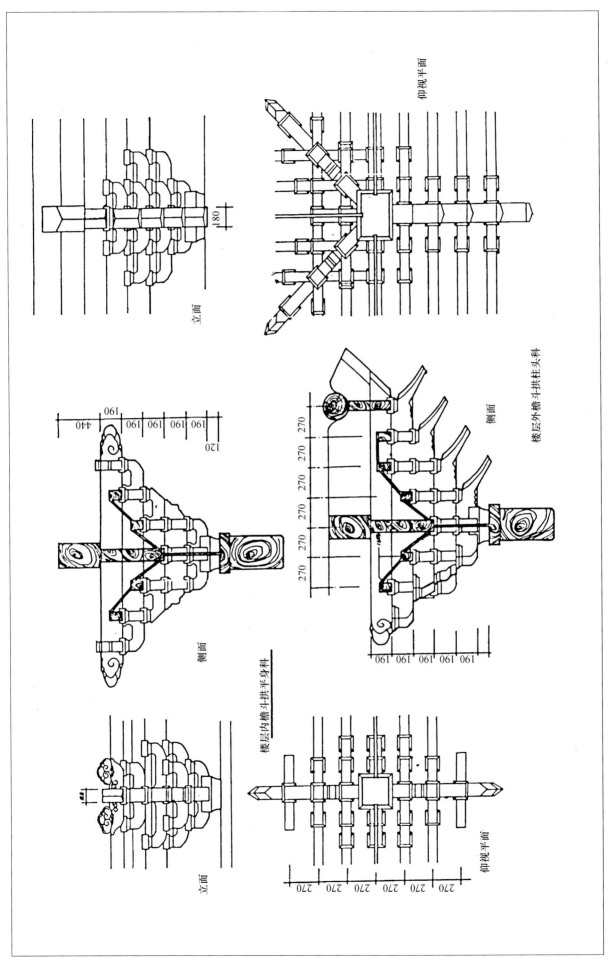

仰视平面

立面

楼层外檐斗拱柱头科

侧面

侧面

楼层内檐斗拱平身科

立面

仰视平面

八六　万佛阁斗拱详图

1:1000

一 平武地形图

二　报恩寺王玺像（玉玺墓石刻）

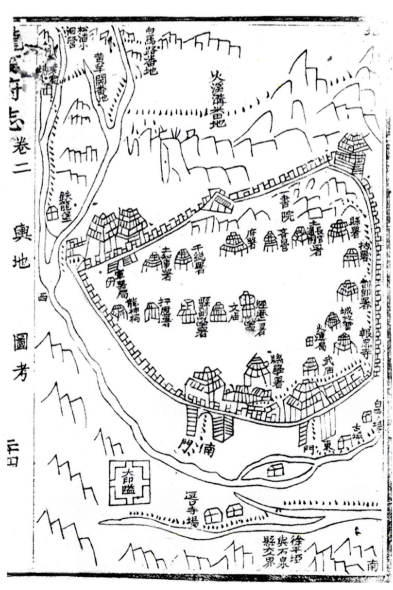

三　《道光龙安府志》平武县城图

四　平武县城卫星照片

五　报恩寺在县城中的位置

六 平武县城全景

七 报恩寺鸟瞰（南－北）

八　报恩寺广场、经幢

九　报恩寺山门

一〇　钟楼

一一　范公井（亭）

一二　金水桥俯瞰（南-北）

一三　金水桥（南-北）

一四　天王殿

一五 华严藏

一六　大悲殿

一七　大雄宝殿

一八　万佛阁

一九　碑亭

二〇 大雄宝殿下层前檐斗拱正视

二一 大雄宝殿下层前檐斗拱侧视

二二　大雄宝殿后檐斗拱

二三　大雄殿柱头斗拱

二四　大雄宝殿后檐转角斗拱

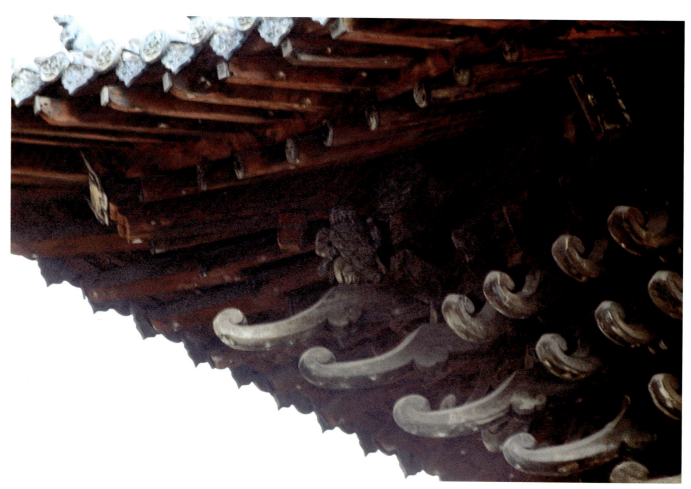

二五　大雄宝殿重檐后檐转角斗拱

二六　万佛阁、碑亭檐牙交错

二七 万佛阁一角

二八 万佛阁一层前檐平身斗拱

二九 万佛阁下层转角斗拱

三〇　万佛阁后檐下檐转角斗拱

三一　万佛阁上层转角斗拱

三二　万佛阁上层前檐溜金斗拱

三三　大悲殿正面局部

三四　华严藏正面局部

三五　碑亭局部

三六　大悲殿下层角科斗拱

三七　碑亭上层角科斗拱

159

三九　大雄宝殿内檐结构局部

四〇　万佛阁二层雀替

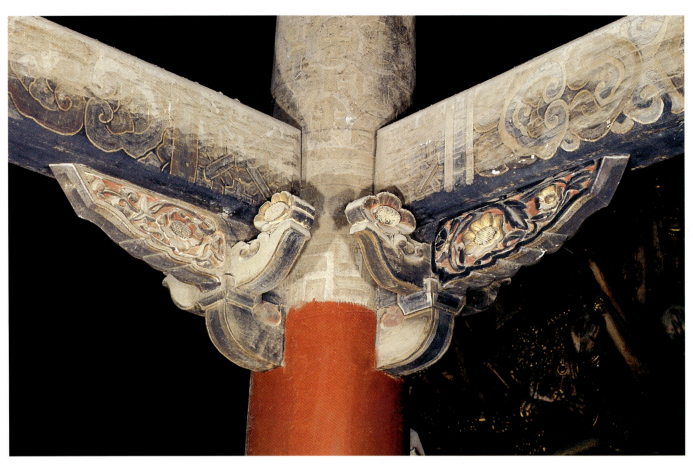

四一　万佛阁底层内檐襻间斗拱

四二　万佛阁底层金柱枋、雀替

四三　万佛阁底层内檐结构局部

四四　万佛阁底层明间梁枋、雀替局部

163

四五　万佛阁二层结构局部

四六　大悲殿后檐角科里拽结构

四七　大悲殿金柱穿枋与雀替

四八　大悲殿明间梁枋、驼峰

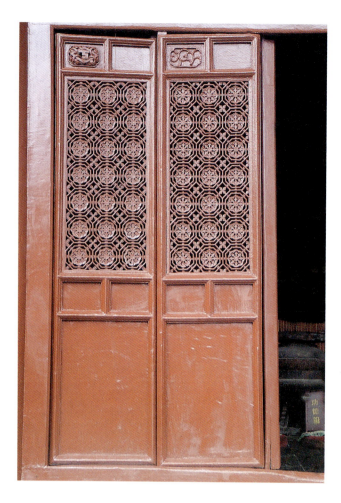

四九　大雄宝殿次间隔扇门

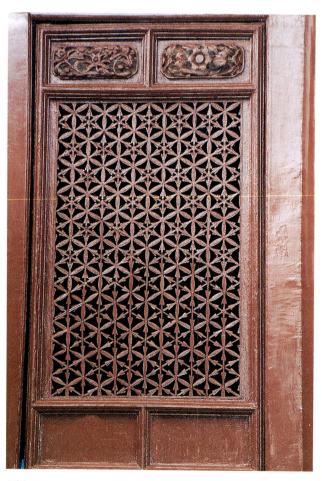

五〇　大雄宝殿稍间槛窗

五一 万佛阁金柱
柱头彩画（正字）

五二 万佛阁金柱
柱头彩画（王字）

五三　天王殿内檐梁枋、斗拱彩画

五四　大雄宝殿稍间梁枋雕刻、彩画

五五　大雄宝殿内檐梁枋彩画

五六　万佛阁下层枋斗拱天花彩画

五七　万佛阁下层枋、雀替彩画

五八　万佛阁下层枋、雀替彩画

五九　万佛阁顶层梁枋、斗拱、天花彩画

六〇　天王殿拱板彩画

六一　天王殿天花彩画

六二　万佛阁下层明间天花彩画

173

六三　万佛阁下层次间天花彩画

六四　万佛阁上层明间天花彩画局部

174

六五　大悲殿天花彩画

六六　大悲殿天花彩画

六七　碑亭天花彩画

六八　报恩寺彩画复原

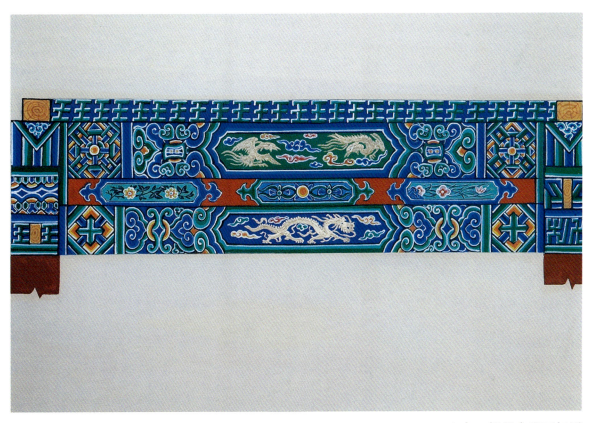

六九　报恩寺彩画复原

七〇　报恩寺彩画复原

七一　报恩寺彩画复原

七二　报恩寺彩画复原

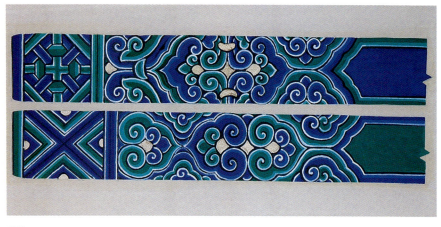

七三　报恩寺彩画复原

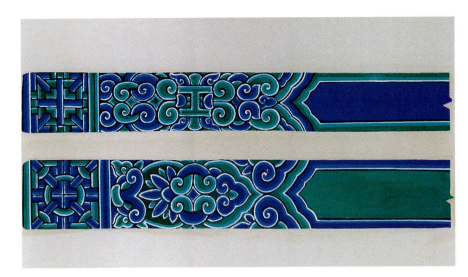

七四　报恩寺彩画复原

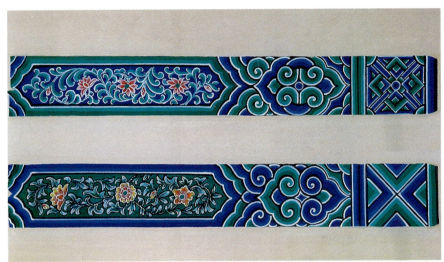

七五　报恩寺彩画复原

七六　报恩寺彩画复原

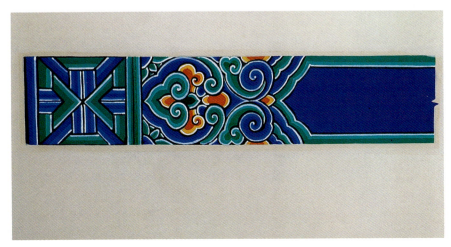

七七　报恩寺彩画复原

七八　天王殿屋脊装饰

七九　山门正吻

八○　华严藏围脊合角兽

八一　天王殿戗脊走兽

八二　大悲殿垂脊力士

八三　大雄宝殿垂脊力士

八四　大雄宝殿垂脊装饰狮

八五　山门垂脊装饰天王

八六　大雄宝殿戗脊装饰武士

八七　万佛阁上层重檐戗脊装饰

八八　大雄宝殿下层屋脊装饰

八九 大雄宝殿下层屋脊装饰

九〇　大雄宝殿下层戗脊上的天王

九一　大雄宝殿下层戗脊上的天王

188

九二　碑亭宝顶

九三　碑亭角脊上部

189

九四　碑亭下檐戗脊走兽

九五　大悲殿戗脊走兽及套兽

九六　大雄宝殿上檐翼角套兽

九七　万佛阁上层重檐翼角套兽

191

九八　天王殿山花装饰

九九　华严藏山花装饰

一〇〇　华严藏山花装饰

一〇一　大悲殿山花装饰

一〇二　大悲殿山花装饰

一〇三　大雄宝殿山花装饰

一〇四　敕修报恩寺匾额

一〇五　天王殿匾额

一〇六　天王殿托匾力士

一〇七 万佛阁匾额

一〇八 大悲殿匾额

一〇九 华严藏匾额

一一〇　大悲观音木雕像

一一一　当今皇帝万万岁牌

一一二　木鱼

一一三　山门八字墙须弥座

一一四　山门八字墙须弥座雕刻局部

一一五　大雄宝殿须弥座束腰雕刻局部

200

一一六　大悲殿须弥座台基束腰雕刻局部

一一七　佛像基座须弥座局部之一

一一八　佛像基座须弥座局部之二

一一九　大雄宝殿金柱柱石之一

一二〇　大雄宝殿金柱柱石之二

一二一　踏道象眼石雕刻——花草

一二二　踏道象眼石雕刻——狮子戏彩球

一二三　踏道象眼石雕刻——铺首

一二四　天王殿勾栏

一二五　天王殿勾栏华版雕刻

一二六　天王殿勾栏望柱

一二七　大雄宝殿栏杆局部之一

一二八　大雄宝殿栏杆局部之二

一二九　石拱桥栏板雕刻之一

一三〇　石拱桥栏板雕刻之二

一三一　石拱桥栏板雕刻之三

一三二　石拱桥池壁栏板雕刻之一

一三三　石拱桥池壁栏板雕刻之二

一三四 石拱桥桥栏板雕刻之一

一三五 石拱桥桥栏板雕刻之二

一三六 石拱桥桥栏板雕刻之三

一三七　石拱桥抱鼓石雕刻之一

一三八　石拱桥抱鼓石雕刻之二

一三九　石拱桥抱鼓石前石兽之一

一四〇　石拱桥抱鼓石前石兽之二

一四一　华严藏石香炉

一四二　大雄宝殿石香炉

一四三　大悲殿石香炉

一四四　万佛阁石香炉局部（4～6层）

一四五　万佛阁石香炉局部（6～8层）

一四六　经幢

一四七　雌狻猊

一四八　雄狻猊

216

一四九　敕修大报恩寺功
　　　　德碑

一五〇　告示碑

217

一五一 敕修大报恩寺继葺碑铭

一五二　山门走马板左侧壁画

一五三　山门走马板右侧壁画

一五四　大雄宝殿左壁壁画之一

一五五　大雄宝殿左壁壁画之二

一五六　大雄宝殿左壁壁画之三

一五七　大雄宝殿左壁壁画之四

一五八　大雄宝殿后壁左侧壁画

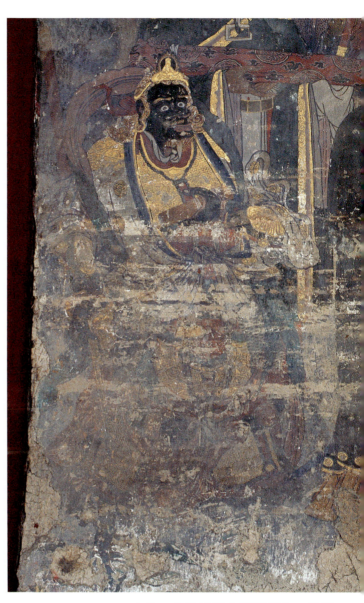

一五九　大雄宝殿左壁壁画之一局部　　　　　　　一六〇　大雄宝殿左壁壁画之一局部

一六一　大雄宝殿左壁壁画之一局部

一六二　大雄宝殿左壁壁画之一局部

一六三　大雄宝殿左壁壁画之二局部

一六四　大雄宝殿左壁壁画之三局部

一六五　大雄宝殿左壁壁画之三局部

一六六　大雄宝殿左壁壁画之三局部

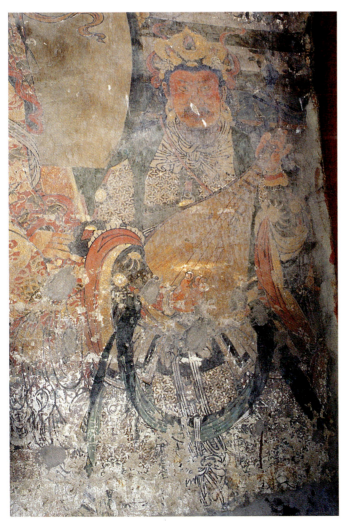

一六七　大雄宝殿左壁壁画之三局部

一六八　大雄宝殿右壁壁画之一

一六九　大雄宝殿右壁壁画之二

一七〇　大雄宝殿右壁壁画之三

一七一　大雄宝殿右壁壁画之四

一七二　大雄宝殿后壁右侧壁画

一七三　大雄宝殿后右壁壁画之一局部

一七四　大雄宝
殿后右壁壁画之
一局部

一七五　大雄宝殿后右壁壁画之一局部

一七六　大雄宝殿后右壁壁画之二局部

一七七　大雄宝殿后右壁壁画之二局部

一七八　大雄宝殿后右壁壁画之三局部

一七九　大雄宝殿后右壁壁画之三局部

一八〇　大雄宝殿后右壁壁画之三局部

一八一　大雄宝殿后右壁壁画之三局部

一八二　万佛阁底层左侧壁画

一八三　万佛阁底层后壁左次间壁画

一八四　万佛阁底层后壁正中壁画

一八五　万佛阁底层后壁右次间壁画

一八六　万佛阁底层右壁后壁画

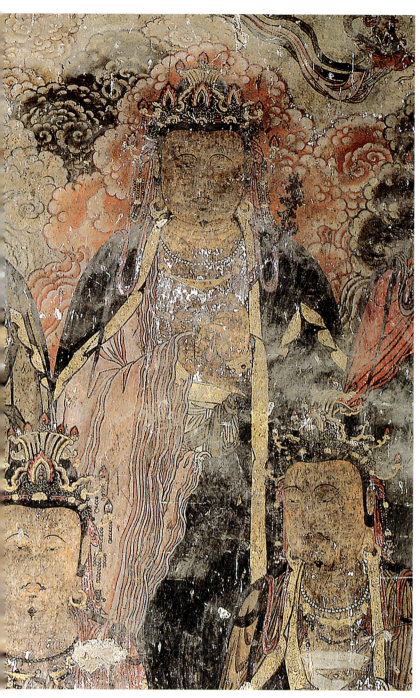

一八七　万佛阁底层左侧壁画局部

一八八　万佛阁底层左侧壁画局部

一八九　万佛阁底层左侧壁画局部

一九〇　万佛阁底层左侧壁画局部

一九二　万佛阁底层左侧壁画局部

一九一　万佛阁底层左侧壁画局部

一九三　万佛阁底层左侧壁画局部　　　　　　一九四　万佛阁底层左侧壁画局部

一九五　万佛阁底层后壁左次间壁画局部

一九六　万佛阁底层后壁左次间壁画局部

一九七　万佛阁底层后壁正中壁画局部

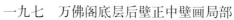

一九八　万佛阁底层后壁正中壁画局部

一九九　万佛阁底层后壁右次间壁画局部

二二〇　万佛阁二层左侧壁画之二局部

二二一　万佛阁二层后壁右侧壁画

二二二　万佛阁二层后壁左侧壁画

二二三　万佛阁二层右侧壁画分布

二二四　万佛阁二层右壁之一壁画

二二五　万佛阁二层右壁之一壁画局部

二二六　万佛阁二层右壁之一壁画局部

二二七　万佛阁二层右壁之一壁画局部

二二八　万佛阁二层右壁之一壁画局部

二二九　万佛阁二层右壁之二壁画

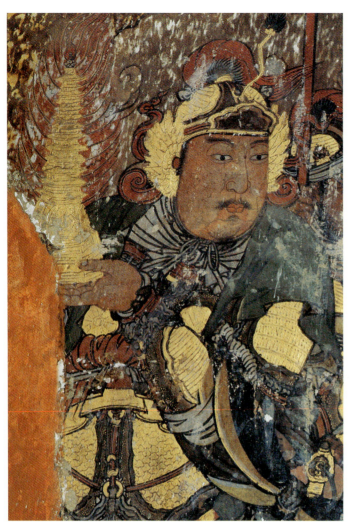

二三〇　万佛阁二层右壁之二壁画局部

二三一　万佛阁二层右壁之二壁画局部

二三二　万佛阁二层右壁之二壁画局部

二三三　万佛阁二层右壁之二壁画局部

二三四　万佛阁二层右壁之二壁画局部

二三五　万佛阁二层右壁之二壁画局部

二三六　密迹金刚塑像

二三七　那延罗金刚塑像

二三八　六臂金刚

二三九　八臂金刚

二四〇　东方持国天王多罗吒

二四一　南方增长天王毗琉璃

二四二　西方广目天王留博叉

二四三　北方多闻天王毗沙门

二四四　大雄宝殿"三身佛"塑像

二四五 "报身佛"卢舍那佛

二四六 "法身佛"毗卢遮那佛

二四七 "应身佛"释迦牟尼佛

二四八　南海观音悬塑

二四九　普贤悬塑

二五〇　文殊悬塑

二五一　韦驮

二五二　善財童子

二五三　龙女

二五四　供养人

二五五　驯兽人

二五六　云山雾海

二五七　万佛阁底层佛祖说法像

二五八　佛祖释迦牟尼

二五九　弟子富楼那

二六〇　弟子阿难

二六一　弟子罗睺罗

二六二　弟子迦旃延

二六三　王玺

二六四　王鉴

二六五 三身佛须弥座之一

二六六　三身佛须弥座之二

二六七　三身佛须弥座（释迦）局部

二六八　须弥座束腰转角力士

二六九　须弥座束腰转角角兽

二七〇　束腰装饰——龙

二七一　须弥座装饰——凤

二七二　束腰装饰——白象

二七三　束腰装饰——麒麟

二七四　束腰装饰——狮

二七五　万佛阁底层佛祖须弥座

二七六　华严藏前金柱蟠龙之一

二七七　华严藏前金柱蟠龙之二

二七八　大悲殿悬塑童子、龙女之一

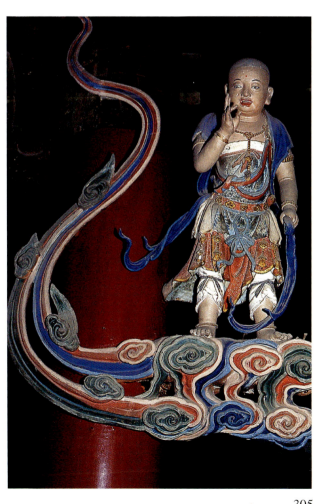

二七九　大悲殿悬塑童子、龙女之二

二八〇　壁塑《妙善出家》情节——火烧百雀寺

二八一　壁塑《妙善出家》情节——遍游地府

二八二　壁塑《妙善出家》情节——遍游地府

二八三　壁塑《妙善出家》情节——还魂归阳

二八四　壁塑《妙善出家》情节——还魂归阳

二八五　壁塑《妙善出家》情节——香山修行

二八六　壁塑《妙善出家》情节——施手眼救父

二八七　壁塑《妙善出家》情节——施手眼救父

二八八　壁塑《妙善出家》情节——敕封千手观音

二八九 壁塑 《妙善出家》情节——敕封千手观音

后　记

　　报恩寺因地处僻壤，故虽为"深山宫殿"，但鲜为人知。四川地区像报恩寺这样的官式建筑，现存的已经不多了，尤其是明代的建筑。报恩寺建筑无论从大木结构，还是小木作、装饰，以及石作等做法，都可以说是"标准"的官式建筑；但又由于平武地处少数民族地区，报恩寺的创建者为当地的土官，尽管有皇帝的"敕修"，但在建筑的做法上又难免有四川本地的做法，如草架结构采用穿斗式，所有这些都对研究四川地区的古代建筑和建筑史具有重要的意义。本书写作也正是出于这个目的，即尽早将这座西南地区、甚至全国罕有的、保存完整的明代早期官式寺庙建群的相关资料公之于众，以为相关的研究工作提供基础的资料。我们的工作是在前人工作的基础上完成的：建筑实测图由重庆建筑工程学院的师生完成；照片由新华社的王嘉杨先生和黄河、刘海波和姚军同志拍摄；马瑞田先生复原了建筑的彩画。这些都为我们的工作增色不少。

　　本书得到了罗哲文先生的关心和支持，先生欣然为本书题写书名。

　　感谢关心、支持我们工作的四川省文物管理局的徐荣旋局长、王琼副局长、朱小南处长；感谢四川省文物考古研究院的高大伦院长、陈显丹副院长的指导；感谢中共平武县委书记张学民、县人大主任陈显辉、县长毛一兵、县政协主席郑晓的支持，感谢平武县文化旅游局何永局长的厚待。

　　本书从资料收集、整理至编写由苏洪礼、唐飞、姚军完成，所有的文字上的错误都由我们负责，这是必须申明的。

作者

二〇〇七年十月